WULIU FUWU GONGYINGLIAN
KEKAOXING YANJIU

物流服务供应链可靠性研究

李阳珍 著

中国财经出版传媒集团

图书在版编目（CIP）数据

物流服务供应链可靠性研究/李阳珍著．—北京：经济科学出版社，2019.12
ISBN 978-7-5218-0828-5

Ⅰ.①物… Ⅱ.①李… Ⅲ.①物流管理-供应链管理-研究 Ⅳ.①F252

中国版本图书馆CIP数据核字（2019）第187495号

责任编辑：王柳松
责任校对：王肖楠
责任印制：王世伟

物流服务供应链可靠性研究
李阳珍 著
经济科学出版社出版、发行 新华书店经销
社址：北京市海淀区阜成路甲28号 邮编：100142
总编部电话：010-88191205 发行部电话：010-88191522
网址：www.esp.com.cn
电子邮箱：esp@esp.com.cn
天猫网店：经济科学出版社旗舰店
网址：http：//jjkxcbs.tmall.com
北京季蜂印刷有限公司印装
880×1230 32开 5.375印张 130000字
2020年1月第1版 2020年1月第1次印刷
ISBN 978-7-5218-0828-5 定价：46.00元

前　言

物流服务供应链可靠性是客户感知物流服务质量的重要因素，并直接影响物流企业的核心利益。本书以物流服务供应链可靠性为研究对象，在厘清物流服务质量与物流服务供应链可靠性关系的基础上，对物流服务供应链的可靠性进行了界定和解读。

物流服务供应链是一个复杂系统，并在一定的动态环境中为客户提供集成化的物流服务，其可靠性受到来自外部环境因素或系统内部因素的影响。本书运用输入输出模型（IIM）分析物流服务供应链可靠性受到系统外部环境因素影响及其不可靠性的传递路径，运用可靠性框图理论分析物流服务供应链可靠性受到系统内部因素的影响及其传递路径。

物流服务供应链的可靠性会影响物流服务的成本、物流服务的能力，如何求出最佳的可靠性水平从而使得物流服务供应链的整体利润最大化并同时满足顾客的可靠性需求，这是管理者所关心的。在对物流可靠度、物流成本、物流能力、物流需求四者进行分析的基础上，建立了基于物流可靠度、物流能力约束条件的利润最大化模型，并考虑顾客可靠性需求，得到了物流服务供应链可靠度的优化结果。

物流服务供应链在提供物流服务的过程中，可能会出现物流服务故障的问题，需要分析物流服务的故障表现形式，进而对物流服务供应链进行可靠性分析。本书运用了故障树（FTA）方法对物流服务供应链的服务故障进行了分析。在此基础上，建立了物流服务供应链的二级结构图，运用马尔可夫（Markov）过程计算物流服务供应链的可靠性指标（可靠度和稳态可用度）解析表达式。研究表明，物流服务供应链的可靠性受其结构的影响，物流服务分包商业务存在竞争时的可靠性优于非竞争时的可靠性。

物流服务供应链可靠性评价能较好地刻画物流服务供应链系统整体可靠性的高低，为物流服务供应链可靠性管理提供可靠性方面的有用信息。本书分析了物流服务供应链的基本流程图，运用信号流法（GO）进行可靠性评价分析，为物流服务供应链可靠性管理提供了决策支持。在此基础上，提出了有针对性的提升和加强物流服务供应链可靠性的措施，为物流服务供应链可靠性管理提供了有益的参考。

李阳珍

2019年7月

目　录

第1章　绪论……………………………………………………………… 1
1.1　研究背景及研究意义 ………………………………………… 1
1.2　文献综述 ……………………………………………………… 6
1.3　本书研究内容与技术路线图………………………………… 18
1.4　本章小结……………………………………………………… 21

第2章　物流服务供应链可靠性基本理论 ………………………… 22
2.1　引言…………………………………………………………… 22
2.2　物流服务供应链服务质量…………………………………… 23
2.3　物流服务供应链可靠性的基本概念………………………… 33
2.4　物流服务供应链的物流服务维修…………………………… 46
2.5　本章小结……………………………………………………… 55

第3章　物流服务供应链可靠性影响因素识别 …………………… 56
3.1　引言…………………………………………………………… 56
3.2　物流服务供应链主要流程分析……………………………… 57
3.3　物流服务供应链可靠性的影响因素识别…………………… 63
3.4　物流服务供应链不可靠性的传递…………………………… 69
3.5　本章小结……………………………………………………… 89

第4章 物流服务供应链可靠性优化设计 …………………… 90
4.1 引言 ……………………………………………………… 90
4.2 物流服务供应链的成本与可靠度关系 ………………… 91
4.3 物流服务供应链最佳可靠性水平的确定 ……………… 93
4.4 本章小结 ……………………………………………… 103

第5章 物流服务供应链可靠性分析 ……………………… 104
5.1 故障树基本理论 ……………………………………… 104
5.2 基于故障树的物流服务供应链的物流服务故障分析 ……………………………………………… 108
5.3 基于 Markov 过程的物流服务供应链可靠性分析 ……………………………………………… 119
5.4 本章小结 ……………………………………………… 129

第6章 物流服务供应链可靠性评价与可靠性管理 ……… 130
6.1 物流服务供应链可靠性评价 ………………………… 130
6.2 物流服务供应链可靠性管理 ………………………… 141
6.3 本章小结 ……………………………………………… 146

第7章 总结与展望 ………………………………………… 148
7.1 本书总结 ……………………………………………… 149
7.2 本书主要创新 ………………………………………… 152
7.3 研究展望 ……………………………………………… 153

参考文献 …………………………………………………… 154

第1章

绪　论

本章介绍了本书的研究背景和研究意义，对物流服务供应链可靠性的研究现状进行归纳、总结和评述。在此基础上，提出本书的论题，同时，给出本书的技术路线、研究内容和结构框架。

1.1　研究背景及研究意义

1.1.1　研究背景

物流系统是经济系统的后勤支持系统，生产企业或商贸企业普遍采用的一种物流模式是物流业务外包。这也是《物流业发展中长期规划（2014～2020年）》所倡导的，即“鼓励物流企业功能整合和业务创新，不断提升专业化服务水平，积极发展定制化物流服务，满足日益增长的个性化物流需求”。[①] 在社会分工细化以及政府推进的背景下，越来越多的企业外包物流服务。但随

① 物流业发展中长期规划（2014～2020年）［EB/OL］. http：//www.gov.cn/zhengce/content/2014-10/04/content_ 9120.htm.

着制造企业或商贸企业的物流服务需求越来越集成化，单一物流企业越来越难以完成顾客的物流需求。因此，为了满足顾客的集成化物流需求，由物流功能性企业提供物流的具体业务，由物流服务集成商提供集成服务，如管理、信息服务等，共同完成物流需求任务，给物流顾客提供集成化、一体化的物流服务。物流功能性企业和物流服务集成商组成的这个系统，就是物流服务供应链。物流服务供应链是随着物流产业的深度发展而逐步形成的。

物流服务供应链是一种较为复杂的系统，有提供集成所有物流功能的核心企业，有提供具体物流业务的功能性节点企业，这些企业有各自的利益需求，分布在不同的地理位置，只是以市场契约的纽带连接在一起，共同为物流客户提供物流服务。物流服务供应链上的所有企业面临的环境都是复杂多变的。由于外部环境的影响因素导致物流服务的故障或不可靠，可能会造成物流需求的无法完成或部分无法完成，给物流需求企业带来生产经营的影响甚至是破产等严重后果。

如 2008 年的雪灾，南方遭遇百年不遇的大雪，让很多道路交通都处于类似瘫痪的状态，有些道路交通则彻底瘫痪：京广铁路、沪昆铁路、京珠高速公路等近 2 万千米“五纵七横”干线、22 万千米普通公路交通受阻甚至几乎瘫痪，[①] 而建立在这些道路网络上的物流服务供应链系统就受到严重影响，无法正常地为物流客户提供准时的物流集成服务。可见，物流服务供应链能否提供稳定的物流服务对顾客的影响是很大的。另外，物流服务供应链的管理者通过可靠性管理措施可以提高物流服务供应链的服务可靠性。

物流服务供应链的正常运作，会受到来自物流服务供应链系

① 中国新闻网. http：//www.chinanews.com［EB/OL］. 2008 年 1 月 28 日。

统内部不确定因素的影响。如，生产事故、商业决策失误、供应商无法交货或无法按期交货、销售商商品积压，以及客户需求信息预测不正确或反馈不及时。此外，物流服务供应链是一个动态的系统，有物流运输、物流仓储、流通加工、包装、配送、信息管理等业务环节，各环节相互制约、相互影响。若物流服务供应链中某个环节出现服务故障，都会波及其他环节，乃至整个物流服务供应链。物流服务供应链提供给客户的物流服务，就有可能出现不准时、不稳定或中断现象，甚至在严重状态下无法提供正常的物流服务。

因此，物流服务供应链提供的物流服务的安全稳定性，就成为物流服务供应链管理中的关键问题。可靠性理论是研究产品或一个系统的质量稳定程度的理论，因此，本书将可靠性理论与物流服务供应链管理相结合，来分析物流服务供应链的可靠性。物流服务供应链的可靠性已成为提高物流管理水平和经济效益的重要手段，能反映物流服务供应链完成物流任务的能力。同时，物流服务的可靠性是物流客户感知、衡量和评估物流服务质量的核心，并能直接影响物流服务供应链节点企业的核心服务利益。① 在此背景下，物流服务供应链的可靠性研究就应运而生。

1.1.2 研究意义

在物流企业经营环境复杂多变、客户需求不确定的情况下，研究物流服务的可靠性是很有意义的。

① Gummesson E. Service Quality & Product Quality Combined [J]. *Review of Business*, 1988, Winter, No3: 14-19.

1.1.2.1 理论价值

由于物流行业本身就是服务业之一，提供的物流就是一种服务，因此，物流服务供应链一直是物流管理学研究的重要方向之一。中外文文献大多比较集中地探讨有形产品的实体供应链，积累了大量成果，形成了比较完整的理论体系。由于物流服务具有无形性、异质性、不可储存性以及生产与消费的同时性等特性，因此，与实体产品相比，物流服务的质量管理有着不同的内涵和特性。此外，物流服务范围复杂，包含不同环节的具体服务，如运输服务、仓储服务、流通加工服务等，跨越的地域范围一般较广。正是物流服务的特点，使得可靠性成为物流服务质量的核心。但从可靠性理论对物流服务供应链提供的物流服务研究相对较少。并且，大多是从管理的角度研究物流服务供应链，探讨物流服务供应链的运作可靠性就更少了。因此，本书运用系统分析方法以及可靠性理论，对物流服务供应链可靠性特别是其运作可靠性进行研究，促进物流管理学在可靠性方面的理论突破，从实际操作这一侧面来丰富中国物流服务质量管理理论体系。

1.1.2.2 实际应用价值

物流产业是中国十大振兴产业之一，[①] 中国要大力发展专业化的大型物流企业。物流企业能否提供性能稳定的物流服务，是最关键的问题。对于顾客来说，一个经营组织能否持续提供一致性的服务质量，体现了该组织遵守其服务承诺的能力。[②] 本书恰

---

① 物流业发展中长期规划（2014～2020年），见 http：//www.gov.cn/zhengce/content/2014-10/04/content_ 9120.htm.

② Gummesson E. Service Quality & Product Quality Combined ［J］. *Review of Business*，1988，Winter，No3：14－19.

巧探讨物流服务的可靠性问题，分析并改善物流服务的可靠性，并通过个案研究为物流服务的稳定性运营架起从理论通向实践的桥梁。如果物流服务供应链可靠性下降，将可能导致物流服务供应链运行效率降低、运行成本增加，甚至导致物流服务提供商与客户关系的破裂。因此，迫切需要加强物流服务网络系统的可靠性管理。希望本书能为中国物流企业在提供物流服务时整合社会资源，在物流服务集成时提高服务可靠性提供有益的建议及对策，提高物流行业的管理水平及经济效益。具体有以下几点。

（1）进一步提升中国物流企业的物流服务质量

2008 年，克里斯琴·格罗路斯（Christian Grönroos）在《服务管理与营销》一书中认为，企业的竞争战略有四种形态，分别为成本、价格、技术和服务，而目前客户更看重服务的竞争，那么，企业的战略也从产品主导战略逐渐转向服务主导战略。然而，由于中国的物流业较之物流行业较为发达的国家而言，起步较晚，物流行业的发展不均衡，加之物流服务自身所处服务业的特点所引发的质量控制难题，使得物流服务业的质量水平明显落后于制造业。在物流服务质量的构成因素中，可靠性是其最基本的因素，加强物流企业的服务可靠性管理，能提高物流服务质量。顾客对服务质量的重视不言而喻，鲍尔斯·M. R.（Bowers M. R.）等指出，服务质量已经不仅限于降低成本或改善竞争能力，因为越来越多的顾客已经将质量视为重要的事情，所以企业不仅要能满足顾客需求，更要能赢得顾客的青睐。① 而可靠性是能保证完成物流任务过程中物流服务的一致性、稳定性以及准确

① Bowers M., Swan J. E. and Koehler W. F. What Attributes Determine Quality and Satisfaction with Health Care Delivery? [J]. *Health Care Management Review*, 1994, 19 (4): 49-55.

性，是影响物流顾客满意度的一个最重要的维度，是物流企业参与市场竞争的基本要求。提高物流企业的服务可靠性，能进一步提高中国物流企业的物流服务质量。

（2）进一步提升中国物流企业的经营绩效

通过对物流服务的可靠性分析及管理，能进一步提升物流服务的稳定性，从而进一步提升物流客户满意度，减少客户流失率。从利润效益角度来看，企业如果能使顾客流失率降至5%时，则其产生的利润依其产业特性的不同可提升25%～85%不等。① 同时，物流企业能长期的、一贯地提供稳定的物流服务，也能降低经营成本。因此，无论从内部成本及利润的角度或是外部企业形象的塑造来看，加强物流服务可靠性管理，掌握提升物流服务稳定性的精髓，对物流企业而言是重要而紧迫的问题。因此，本书的研究具有现实意义。

1.2 文献综述

1.2.1 研究内容的界定

本书的研究内容是物流服务供应链的可靠性问题，就其领域来看，物流服务供应链可靠性是物流服务供应链管理与可靠性管理的交叉领域。很多中外学者对可靠性的研究是基于产品供应链角度展开的，但具体研究物流服务供应链的可靠性管理的文献还非常欠缺。但是，在供应链可靠性管理、风险管理与干扰管理领

① Reichheld F. F., W. E. Sasser Jr. Zero Defections: Quality Comes to Services [J]. *Harvard Business Review*, 1990, 68 (9-10): 105-111.

域有相关的文献可供借鉴，为本书的研究开拓了思路并提供了相关的理论支持。

在本章研究综述中，对供应链可靠性管理进行了文献回顾，并归纳总结了物流服务供应链可靠性问题。本章在对现有文献进行回顾和评述的基础上，进一步明确了本书的研究范畴——物流服务供应链可靠性问题。

本书研究内容界定，如图1-1所示。

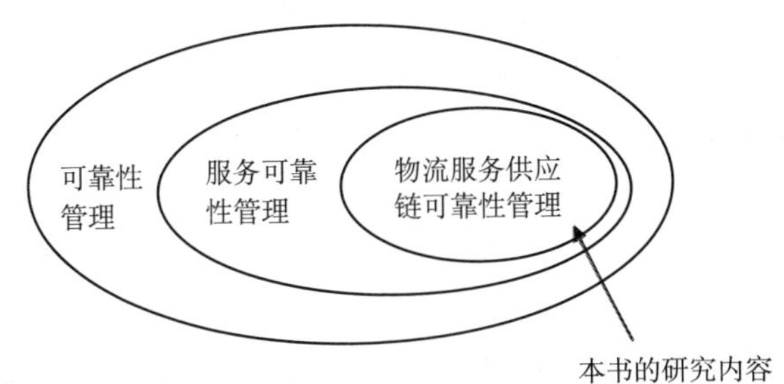

图1-1　本书研究内容的界定

资料来源：笔者绘制。

1.2.2　物流服务供应链的研究现状

1.2.2.1　物流服务供应链的定义回顾

美国学者莉萨·M. 埃尔拉姆（Lisam M. Ellram）在2004年发表的《理解和管理服务供应链》（*Understanding and Managing the Services Supply Chain*）标志着服务供应链正式受到学者们的关注。①

① Lisam M. Ellram, Wendy L. Tate and Corey Billington. Understanding and Managing the Services Supply Chain [J]. Journal of supply chain management, 2004 (9): 17-32.

此后，服务供应链结合物流行业的特点进行研究，成为物流工作中研究的热点。物流服务供应链是一种典型的服务供应链，为满足客户的物流需求，物流服务集成商运用集成的管理思想和方法，集成供应链中合作伙伴的优势资源提供一体化的物流服务。美国供应链管理专业协会（CSCMP）认为，一家物流企业没有足够的能力对物流服务全过程进行控制，或对物流服务过程中的服务提供充分保障，因此，将物流服务供应链定义为由众多的包括公有制物流企业和私有制物流企业共同参与的过程。田宇分析了物流服务供应链的模式，并认为物流服务供应链的基本结构是集成物流服务供应商的供应商—集成物流服务供应商—制造企业模式或零售企业模式。其中，集成物流服务供应商的供应商指，传统的功能型物流企业，如运输企业、仓储企业等，它们因其提供的服务功能单一，业务的开展往往局限于某一地域范围，而被集成物流服务供应商在构建全国服务网络甚至全球服务网络时吸纳为供应商。① 申成霖和汪波认为，物流服务供应链是以集成物流服务供应商为核心企业的新型供应链，其作用是为物流需求方提供全方位的物流服务。② 刘伟华认为，物流服务供应链在提供专业物流服务的过程中，从功能型物流服务供应商到物流服务集成商到客户所形成的链状企业供需合作结构。③

1.2.2.2 物流服务供应链的相关研究

自2003年以来，越来越多的中外文文献关注物流服务供应

① 田宇．物流服务供应链构建中的供应商选择研究［J］．系统工程理论与实践，2003（5）：49－53．

② 申成霖，汪波．物流服务供应商的选择决策问题［J］．南京林业大学学报（人文社科版），2005（3）：72－75．

③ 刘伟华．物流服务供应链能力合作的协调研究［D］．上海：上海交通大学，2007．

链的相关问题，有一部分文献是对物流服务供应链的定性描述。如蔡云飞（2006）探讨了如何构建物流服务供应链。董千里（2009）分析了物流集成的形成机制。高志军等（2009）分析了物流服务供应链集成管理的演化机制。张得海（2007）从协调机制角度，运用故障树方法分析物流服务的故障。刘伟华（2007）分析了物流服务供应链中的协调问题，如数量协调、任务分配、质量监督等。田宇和吴佩勋（2006），崔爱华（2009）分别探讨了物流服务供应链（LSSC）收益分享契约模型。程建刚（2009）以可靠性数学中的串并联逻辑来进行物流服务供应链的网络建模。刘伟华等（Weihua Liu et al., 2013）构建了一个两级物流服务供应链的物流订单分配模型并求解。

对物流服务供应链的研究是从不同角度展开的，如从物流能力分配、协调、收益分享等角度，这里就不一一赘述了，但从可靠性角度来进行分析的文献相对较少。

1.2.3　供应链可靠性的研究现状

1.2.3.1　供应链可靠性的定义

可靠性是指，产品或系统在规定的条件下、规定的时间内，完成规定功能的能力。① 而供应链可靠性目前还没有统一的权威性定义。汤姆金斯（Tompkins）是从供应链整体运作流程的角度来分析供应链可靠性，认为供应链可靠性是从原材料供给者到最终产品消费者整条供应链的连续性、平滑性。也就是说，供应链可靠性相当于供应链整个流程中无任何障碍，其结论是，可靠性对

---

① 李海泉，李刚．系统可靠性分析与设计［M］．北京：科学出版社，2005.

于供应链的稳健性、降低失效概率是至关重要的。[①] S. Y. 佐恩等（S. Y. Sohn et al.，2001）从质量角度来认识和分析供应链可靠性，认为供应链可靠性可以看作是顾客要求的产品的质量可靠性，相当于把供应链可靠性等同于产品可靠性，这样的思路是有一定局限性的。托马斯·M. U.（Thomas M. U.，2002）从系统工程角度认识供应链可靠性，在运用可靠性工程理论的基础上，将供应链可靠性定义为：为了满足市场需求，将供给运送到供应链系统的关键点的概率。霍佳震等（2002）认为，可以采用柔性、可靠性、价格和质量四个指标来反映供应链客户的满意度，可靠性反映了企业或者供应链履行其承诺的能力，其高低会影响顾客对供应链的信赖程度以及顾客的忠诚度。戴夫·卢顿（Dave Luton，2004）从库存角度来认识供应链可靠性，认为供应链可靠性就是供应链上库存的可靠性。

丁伟东等（2003）从风险的角度认为，供应链的可靠性等同于供应链的风险，通过计算供应链系统的可靠性来衡量供应链系统的风险，但可靠性与风险毕竟是有区别的。穆东和杜志平（2004）将供应链可靠性定义为，在外界因素的干扰下，供应链在规定时间和条件下，完成订单需求功能的能力。刘元洪等（2005）将供应链可靠性界定为，供应链可靠性是对供应链系统无故障工作能力的度量指标，它指供应链基于完全竞争市场，在一定时间内正常运行的能力。金秀满等（2007）指出，军事物流可靠性是对军事物流实现程度和把握性的度量，这是国内首次提出军事物流可靠性的概念。从供应链可靠性的定义来看，不同文献的理解各有不同，有从供应链运作流程、库存、风险等不同

---

① Tompkins J. A. No Boundaries：Moving Beyond Supply Chain Management［J］. Supply Chain Management，2000（1）：77－81.

角度来认识和理解供应链可靠性，为我们更好地分析和认识物流服务供应链可靠性提供不同的视角，从而更全面地理解物流服务供应链的可靠性。

1.2.3.2 供应链可靠性的相关研究

在现有文献中，较多从可靠性角度分析供应链或物流系统。穆东（2004）则将供应链可靠性分为供应链固有可靠性和运作可靠性两类，并分别提出两类供应链可靠性的概念及其分析方法。在供应链可靠性影响因素上，因雷柯·万宁维胡斯（Inneke Van Nieuwenhuyse，2006）分析了在两阶段供应链中订单分割对物流配送可靠性的影响分析。汉斯－彼得·沃伦达尔（Hans-Peter Wlendahl，2003）认为，供应链物流过程的可靠性与供应链能否满足客户在物流属性方面的期望的能力有关，并就供应链物流过程进行建模分析，从而提出加强供应链物流过程可靠性的举措。托马斯·M. U.（Thomas M. U.，2002）基于可靠性干扰理论分析应急物流供应链系统，认为供应链可靠性是在应急物流供应链系统内提供必需的供给到关键传输点的任务完成的概率，而且供给的物资应该都部署到一个配送中心，然后再分配到各救助站点，每个救助站点进行高效率的操作从而满足应急任务的需求。戴夫·卢顿（Dave Luton，2004）认为，库存的准确性是供应链可靠性容易被忽略的组成部分，影响供应链可靠性的因素有订单数量、到达数量、延迟时间等，可用蒙特卡洛仿真方法求解供应链的可靠度。鲁斯兰·克里莫夫和尤里·梅尔库耶夫（Ruslan Klimov and Yuri Merkuryev，2008）讨论了不确定性和风险的不同，对供应链风险因素进行识别分析，评估一个简化的供应链系统风险并进行了仿真模拟，建立了供应链可靠性模型并求解。

在分析供应链成员企业可靠性问题上，杜志平和穆东

（2006）对供应链可靠度与其软联盟规模及功能企业选择方式进行分析，以供应链整体可靠度最大为优化目标，建立优化的数学模型并求解，得到供应链软联盟规模大小与功能企业的选择之间的权衡。宋佳珊（Jia-Shan Song，2008）运用多元自适应回归曲线为分析方法，建立相应的模型，从而判断供应链联盟成员可靠性。约翰·奎格利和莱斯利·沃尔斯（John Quigley and Lesley Walls）对复杂系统的可靠性进行研究，分析系统潜在的失效模式信息和成本信息，提出基于公平交易的价格机制，最终得到供应商之间的可靠性指标。①

在评估供应链可靠性方面，杰勒利欧（Jelloulio，2001）分析了在不确定情况下，运用蒙特·卡洛（Monte Carlo）方法、遗传算法对供应链管理进行优化研究。劳伦斯·V.（Lawrence V.，2003）构建了系统的可靠性模型，并应用启发式算法求得满意解。柳元洪（2005）对供应链进行了可靠性评价，利用三级模糊综合评价法评价供应链节点企业的可靠度。曾峰（2005）研究了供应链基本结构模型的可靠性问题，运用层次分析法进行可靠性评价。余小川和季建华分析了物流系统的可靠性，以可靠度指标衡量物流系统的可靠性。② 彭德万（Phuc Do Van）等使用干扰分析法对稳态下的马尔科夫（Markov）系统可信度的重要性进行分析，给出了可靠性参数。③ 贾旭杰和崔丽蓉（Jia Xujie and

---

① John Quigley, Lesley Walls. Trading Reliability Targets within a Supply Chain Using Shapley's Value [J]. Reliability Engineering and System Safety, 2007 (92): 1448 - 1457.

② 余小川，季建华．物流系统的可靠度及其优化研究［J］．管理工程学报，2007（1）：67 - 70.

③ Phuc Do Van, Anne Barros and Christophe Be Renguer. Reliability Importance Analysis of Markovian Systems at Steady State Using Perturbation Analysis [J]. Reliability Engineering and System Safety, 2008 (93): 1605 - 1615.

Cui Lirong，2008）介绍了一种基于高阶 Markov 链的用于确定物流供应链系统的可靠性分析方法，构建 k/n 的表决系统的物流供应链评估模型，从而求出系统的可靠性指标。萨林提普·萨提萨提安（Sarintip Satitsatian，2006）通过分析系统的可靠性上下边界评价供应链网络的可靠性。沈晓斌等（Xiaobin Shen et al.，2008）运用多数表决制度分析整个供应链子系统的可靠性，计算不可修复供应链系统的可靠性和 Markov 型可修复供应链系统的可靠性。

关于供应链可靠性管理方面的研究，王建和张文杰（2003）对由物料获取并加工成中间件或成品，再将成品送到顾客手中的一些企业和部门构成的网络单级供应链进行了可靠性的定量分析，从单级供应链进行可靠性分析，找出了提高供应链可靠性的措施。林洁和颜兆林（2004）利用信号流（Go-Flow）方法在共因故障中的应用及其改进进行了研究，对复杂系统中的共有信号流的计算进行了改进，并取得了一定的效果。宁科荃（2005）在分析供应链可靠性的基础上，结合供应链规划的经济约束，构建了供应链成本最小的可靠性优化模型，提出了供应链单元总投资重要度的概念，并进行了实证研究。李家斌（2005）从可靠性方面提出对供应链系统进行分析改善的途径，最后，对零库存拉式供应链系统进行了可靠性分析与改善。蔡鉴明和曾峰（2007）利用信号（GO）法对供应链可靠性定量分析问题进行研究，建立了一种分析供应链可靠性的定量方法。邹安全和于琦（2007）利用改进后的信号流（Go-Flow）方法研究供应链的可靠性。约翰·奎格利和莱斯利·沃尔斯（John Quigley and Lesley Walls，2008）分析了多级供应链中节点企业在可靠性指标分配过程中的谈判机制，利用夏普利值（Shapley）进行可靠性分配，建立了可靠性增长模型并进行了实证研究。拉赫曼·穆凯拉·

A. 等（Rahman Mukaila A. et al.，2008）提出，在包含产品制造的虚拟企业中，基于代理的供应链管理的正式模型，这一模型有利于发展灵活的软件系统及其支持的虚拟企业的生产和分拨，以提高供应链系统的可靠性。有学者使用可靠性分配方法得到供应链健壮性目标。供应链可靠性分配是指，在所有成员企业中分配可靠性指标，并讨论如何处理没有达到可靠性目标的供应链成员企业（Yuanhong Liu and Benhong Peng，2009）。

从以上文献总结中可以看出，供应链可靠性的研究成果比较多，但大多基于产品供应链的角度，而产品供应链与服务供应链是不同的。物流服务供应链是服务供应链的一个分支，产品供应链可靠性的研究方法、研究思路、分析工具均可为物流服务供应链的可靠性研究提供帮助。

1.2.4 物流服务供应链可靠性的研究现状

目前，物流服务供应链可靠性研究的文献较少，相似文献大多是研究物流网络的可靠性。

1.2.4.1 物流网络的可靠性

列维汀·G.（Levitin G.）认为，物流网络可靠性是货物运送的一个绩效指标，定义为 d 单位货物通过物流网络从起点 O 到终点 D 运达的概率。① 物流网络的可靠性在不考虑节点可靠性时，可以通过物流网络的最小路径求得物流网络的可靠性。如阿文（Aven，1985）、林（Lin，1995，2001）。也有文献是从物流网络

① Levitin G. Reliability Evaluation for Acyclic Consecutively Connected Networks with Multistate Elements [J]. Reliability Engineering and System Safety，2001（73）：137－143.

的最小割来得到物流网络可靠性。如阿文（Aven，2001），简（Jane，1993），林（Lin，2002）。林（Lin，2010）则是运用了网络最小割来评估多商品物流网络的可靠性。

从物流网络可靠性优化的角度来看，利维汀和列维京（Lisnianski and Levitin，2003）将网络可靠性问题分为两类：一是给定网络可靠性水平的情况下使得所需资源最小；二是在资源约束确定下，让网络的可靠性最大化。

有的文献从网络结构角度研究物流网络可靠性。如佩因顿和坎贝尔（Painton and Campbell，1995）；柯特和史密斯（Coit and Smith，1996）；列维京和利维汀（Levitin and Lisnianski）。[①] 有的文献研究物流网络最大可靠性水平下物流量如何分配。刘等（Liu et al.，2007）、谢和林（Hsieh and Lin）、[②] 谢和陈（Hsieh and Chen，2005a，2005b）、徐等（Xu et al.，2009），这些文献都是基于物流网络上提供物流服务的企业是固定的这一前提，而罗博（2006）将物流服务供应链的可靠性作为约束条件建立模型，优化后得到提供物流服务的物流企业最佳的数量。有文献针对随机物流网络中网络可靠性一定时，研究物流服务供应商的最优化选择问题（Yi-Kuei Lin and Cheng-TaYeh，2010）。

1.2.4.2 物流服务供应链的可靠性

在物流服务供应链可靠性的研究中，张德海和刘德文利用可靠性数学中的故障树分析工具来分析物流服务供应链中的薄弱环

---

① Levitin G.，Lisnianski A. A New Approach to Solving Problems of Multi-state System Reliability Optimization [J]. Quality Reliability Engineering International，2001（17）：93－104.

② Hsieh C. C.，Lin M. H. Reliability-oriented Multi-resource Allocation in a Stochastic-flow Network [J]. Reliability Engineering and System Safety，2003（81）：155－161.

节，并提出解决措施。[①] 李阳珍（2010）分析了物流服务供应链系统的逻辑组成结构，探讨了在有可靠度和能力约束情况下如何优化整个物流服务供应链系统的物流成本。李阳珍（2010）构建了物流服务供应链的可靠性框图，建立了基于成本与可靠性的优化模型，解决了物流服务供应链的可靠性与成本的权衡问题。李阳珍和张喜征分析物流供应能力与物流需求的关系，建立了物流服务供应链的二级结构图，提出一种基于马尔可夫（Markov）过程的系统可靠性分析模型，对 Markov 状态转移方程进行求解，从而得到系统处于各状态的稳态概率。[②] 由于物流服务供应链的各节点企业存在相互作用，系统与环境也存在相互作用，物流服务故障会在节点企业间传递，最后蔓延至整个物流服务供应链（LSSC）。针对物流服务供应链中不可靠性的传递问题，李阳珍和张明善利用输入输出模型（IIM）进行分析，得到物流服务供应链不可靠性沿着物流能力供需的路径进行传递，其影响与物流能力、物流供应链节点间的相互关系系数大小有关。[③]

从以上研究内容可以看出，目前对物流服务供应链可靠性的研究相对较少，主要是因为物流服务供应链可靠性研究是服务供应链理论与可靠性理论的交叉研究。此外，可靠性理论中比较成熟的理论是有形产品的可靠性理论，而物流服务供应链可靠性反映的是物流服务可靠性。因此，更多的是相似、相关的研究，比较多的是对于物流网络的可靠性研究，较常用的分析工具是最小

---

① 张德海，刘德文．物流服务供应链的故障树分析及优化［J］．统计与决策，2009（14）：75－77.

② 李阳珍，张喜征．基于 Markov 过程的物流服务供应链可靠性分析［J］．重庆交通大学（自然科学版），2012（8）：895－899.

③ 李阳珍，张明善．物流服务供应链不可靠性传递分析［J］．西南民族大学学报（社科版），2012（9）：147－150.

割与最小路。可靠性理论是比较成熟的理论，可靠性分析的工具较多，如故障树（FTA）、可靠性框图、Markov 过程、佩特里（Petri）网、GO 法等，运用这些方法、工具分析物流服务供应链可靠性的很少。因此，在分析物流服务供应链可靠性问题时，本书将尝试运用可靠性分析工具来深入分析物流服务供应链的可靠性问题。

1.2.5 研究现状的总结

从前面的研究现状可以看出，研究供应链可靠性的较多，而供应链可靠性属于产品可靠性的范畴，在供应链的整个系统内，传递的是实物，主线为库存；而物流服务可靠性属于服务可靠性的范畴，在物流服务供应链的整个系统内，传递的是服务，主线为物流能力，二者既有区别也有联系。此外，研究较多的就是物流网络的可靠性，与物流服务的可靠性有所不同。即使物流网络是可靠的，仍有可能出现物流服务不可靠即服务故障。因此，从研究现状可以看出，物流服务供应链的可靠性研究处于起步阶段，但可借鉴产品供应链可靠性与物流网络可靠性的研究成果。此外，本书力求将可靠性理论的研究成果与物流服务供应链结合起来，可以充分运用可靠性理论中的分析工具，如故障树（FTA）、可靠性框图、Markov 过程、Petri 网、GO 法等，系统地分析整个物流服务供应链的可靠性。按照其内在逻辑性研究整个物流服务供应链的可靠性，找出影响其可靠性的因素，并建立相应的优化模型、求解。对此，本书期望有新的尝试，力求在物流企业提供稳定的、集成化的物流服务时，能提供一些有益的参考或建议。

1.3 本书研究内容与技术路线图

1.3.1 研究内容

本书的研究内容综合了可靠性管理、供应链可靠性管理、供应链风险管理、干扰管理与应急管理的相关理论，利用可靠性理论与系统分析理论对物流服务供应链的可靠性进行深入研究。

本书研究的内容具体如下：

（1）研究问题的提出，以及研究论题相关的文献综述。

（2）在厘清物流服务供应链的服务质量与服务可靠性的基础上，对物流服务供应链的可靠性进行界定并解读。

（3）分析影响物流服务供应链可靠性的因素，运用输入输出模型分析外部环境因素对物流服务供应链可靠性的影响及其传递途径；运用可靠性框图理论，分析物流服务供应链可靠性的内部因素及其传递途径。

（4）运用故障树方法（FTA）对物流服务供应链的可靠性进行静态分析，并运用 Markov 过程对物流服务供应链可靠性进行动态分析。

（5）运用 GO 法对物流服务供应链可靠性进行可靠性评估，提出可靠性管理措施。

（6）本书的总结与研究展望。

1.3.2 本书的技术路线

本书的技术路线，如图 1－2 所示。

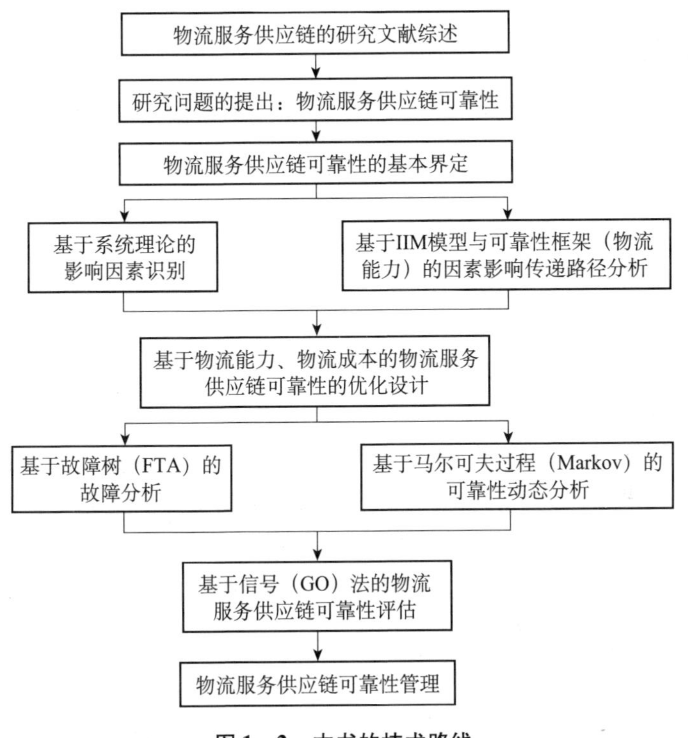

图 1-2　本书的技术路线

1.3.3　本书结构

全书共分 7 章，各章主要内容如下：

第 1 章，绪论，对阐述物流服务供应链可靠性的研究背景、理论意义和现实意义、物流服务供应链可靠性的文献进行综述，明确研究的问题并分析该问题的特性，并对本书的技术路线、结构安排及其研究内容进行了阐述。

第 2 章，物流服务供应链可靠性基本理论。本章对本书的研究范围进行了界定，要明确物流服务供应链可靠性在供应链可靠性管理和可靠性管理中所处的地位。然后，从可靠性管理、供应链可靠性管理以及物流服务供应链可靠性管理三方面进行了较为详细的文献综述，要明确对本书研究具有重要贡献的理论基础和文献。

第 3 章，物流服务供应链可靠性影响因素识别。本章将物流服务供应链视为一个系统，对物流服务供应链的可靠性影响因素进行识别，将运用输入输出模型分析系统外部因素的影响及其传递路径，并运用可靠性框图理论分析内部因素的影响及其传递路径。

第 4 章，物流服务供应链可靠性优化设计。本章对物流服务供应链的可靠性进行优化设计，在对系统可靠度、成本、物流能力、需求四者分析的基础上，将建立基于可靠度、物流能力约束条件的利润最大化模型并考虑顾客可靠性需求，最终得到物流服务供应链可靠度的优化结果。

第 5 章，物流服务供应链可靠性分析。本章分析物流供应能力与物流需求的关系，建立物流服务供应链的二级结构图。并运用马尔可夫（Markov）过程来分析物流服务供应链系统可靠性模型，对 Markov 状态转移方程进行求解，从而得到系统处于各状态的稳态概率以及系统可靠度的解析表达式。

第 6 章，物流服务供应链可靠性评价与可靠性管理。本章借鉴已有的可靠度评价标准，运用 GO 法对物流服务供应链可靠度进行评价，并提出进行可靠性管理的措施。

第 7 章，总结与展望。对全书的研究内容进行了全面的归纳总结，提炼出本书所取得的主要研究成果和主要结论。同时，归纳本书的主要创新工作，并对本领域的进一步研究问题进行了展望。

1.4 本章小结

本章在分析了本书的研究背景和研究意义的基础上，研究对象界定为物流服务供应链可靠性问题。对物流服务供应链可靠性的研究现状进行归纳总结和评述，在此基础上，同时给出本书的技术路线、研究内容、研究方法和结构框架。

第 2 章 物流服务供应链可靠性基本理论

2.1 引　　言

近些年来，由于物流服务不可靠而造成经济损失的例子不胜枚举。

物流服务供应链可靠性表征的是物流服务供应链网络提供的物流服务的可靠性，是物流服务质量管理的范畴。在服务质量以及顾客关系中的服务因素成为创造企业竞争优势的今天，服务行业都在关注和重视服务质量，物流服务供应链是物流行业的发展趋势，物流服务供应链也关注和重视服务质量。如前文所述，由于物流行业以及物流服务的特点，重视和管理物流服务的可靠性成为越来越多物流企业的共识，但物流服务的可靠性究竟是什么，物流质量与物流服务的可靠性是什么关系，物流服务可靠性与物流产品可靠性究竟有什么不同，这些基本问题亟待解决。本章将具体阐述物流服务供应链质量与可靠性、可靠性的具体内涵、概念框架等内容。

2.2　物流服务供应链服务质量

2.2.1　服务质量

2.2.1.1　服务质量概念

中国国家标准《质量管理和质量保证》（代码：GB6583.1）将服务质量定义为，满足规定或潜在要求（需要）的特征和性能的总和。尼米特·乔德哈里等（Nimit Chowdharry et al.）认为，服务质量涉及一系列创造性的活动，需要多维度考察和描述，服务质量的边界模糊，难以界定和客观评价。尽管对服务质量的描述和解释存在分歧，但大家有几点共识。如消费者对服务质量的把握比实物质量更难；服务质量是消费者感知的结果；服务质量不仅反映服务的结果，而且更反映出服务作业活动的过程。服务质量的公式：

服务质量 = 服务满意度

　　　　 = 服务企业所提供的服务 - 客户所期望的服务

　　　　 = 客户感受到的服务 - 客户所期望的服务　　(2 - 1)

有学者提出的质量模型认为，客户需求有三种类型：基本型、期望型和兴奋型。[①] 只要服务企业提供的服务超过了客户所期望的服务，客户满意度就高，表明服务质量高。按照这个观点，提高服务满意度就是要提高服务质量。

---

① Noriaki Kano, Fumio Takahashi. Motivator and Hygiene Factor in Quality, quality, 1984 - 1 - 18.

2.2.1.2 服务质量特点

与实物产品质量的特点不同，服务质量的特点为主观性、过程性和整体性。服务质量具有较强的主观性，顾客对服务质量的评价更多地凭借主观期望和主观感受来做判断。对于相同水平的服务，期望高的顾客可能对质量评价较低，期望不高的顾客评价反而可能比较高，顾客的期望成了评价服务质量的主要依据。由于服务中生产与消费的不可分离，服务质量强调顾客的参与、经历和认可，是一种过程质量，可以依据服务过程的质量做出相应的判断。服务质量的形成，需要服务组织全体人员的参与和协调，是服务组织整体的质量。

2.2.1.3 服务质量构成因素

影响服务质量的因素较多。帕苏拉曼、泽塔姆和贝里（Parsuranman，Zeithaml and Berry，1985）认为，影响服务质量的要素有可靠性、响应性、能力、可接近性、礼貌、信息、可信性、安全、对客户需求的理解度和熟悉度、有形性等，认为服务质量高低取决于上述要素的测评结果。1988 年，罗杰 · W. 施门纳（Roger W. Schmenner）最终将服务质量构成要素确定为可靠性、有形性、响应性、移情性、保证性，见表 2－1。

表 2－1　服务质量的构成因素

构成因素	含义
可靠性	精确、可靠地履行所承诺服务的能力
有形性	服务场所、设施设备、服务人员以及通信设备的外观
响应性	愿意服务顾客并迅速提供服务的积极态度
移情性	对顾客个性化的关心和注意
保证性	员工的知识、礼仪以及他们能够使顾客感到放心的能力

资料来源：Roger W. Schmenner. 服务运作管理［M］. 刘丽文译，北京：清华大学出版社，2000.

可靠的服务是顾客所期望的，可靠意味着服务以相同的方式、无差错地准时完成。可靠性被认为是影响顾客满意度的一个最重要的维度，是服务企业进行市场竞争的基本要求。因此，本书将关注服务质量中的可靠性要素。

2.2.2 物流服务供应链

2.2.2.1 物流服务供应链的概念

物流服务供应链的内涵，目前尚没有形成统一的结论。大部分文献都认为，物流服务供应链是以物流服务集成商为供应链上的核心企业，将物流服务供应源和物流服务需求源组合在一起的网链型结构，同时，伴随着服务流、资金流和信息流的流动。物流服务供应链本质上是基于物流能力合作为基础的服务供应链。这里的物流能力合作可能是由于服务集成商本身能力不足，也可能是由于服务集成商本身并不具备这种能力而需要向功能型服务提供商购买这种服务能力。高志军和刘伟从物流能力集成方面给出了物流服务供应链的定义。物流服务供应链是指，以物流能力集成所形成的物流服务集成商为核心，以顾客物流服务需求为动力，通过供应链上各个节点企业之间所订立的契约对服务流、信息流和资金流进行有效控制，整合供应链上所有物流资源，将服务能力管理、服务流程管理、服务绩效管理与服务价值管理进行综合集成，形成从单一物流服务分包商到物流服务需求方的功能网链型结构模型。[①] 其中，物流能力是物流服务供应链中的一条主线。

---

① 高志军，刘伟．物流服务供应链集成管理的演化机制研究［J］．物流工程与管理，2009（3）：78－81．

物流能力是由物流系统的物质结构（如配送中心的数量与规模、运输能力、分拣处理的设备能力等）所形成的客观能力，以及管理者对物流运作过程（logistics process）的组织能力与管理能力的综合反映。[①] 因此，物流能力既包括能够运送货物的能力（有形要素），也包括执行物流过程中的组织能力和管理能力（无形要素）。节点物流能力是构成路线物流能力和网络物流能力的基础，是最基本的构成要素。可以认为，物流能力是由物流要素能力（capacity）和物流运作能力（capability）综合而成的。其中，物流要素是指，输入物流系统的各种资源，包括各种物流机械设备、物流设施、劳动力、资金、信息等。从可评价性角度讲，物流要素能力主要是指，物流硬件资源的处理能力，是机械设备、仓储设施等有形物流要素在面积、数量、生产率、劳动时间等诸要素上的综合。物流运作能力是指，物流管理者通过采用物流计划、组织与控制等手段，优化配置物流资源，为物流供应链提供高效率、低成本的物流服务的能力。如果说物流要素能力是一种静态能力，那么，物流运作能力就是在这种静态能力基础上的动态提升，是一种对物流活动进行管理的能力。

2.2.2.2　物流服务供应链的结构

以 D 表示物流顾客的物流需求，S_0 表示物流服务集成商的物流能力。D 表示的物流顾客的物流需求与 S_0 表示的物流服务集成商的物流能力之间的匹配，如图 2－1 所示。

在图 2－1 中，物流顾客为原材料生产企业、制造企业、分销零售企业、工商企业等类型的企业，物流服务集成商是综合性

① 刘小群．供应链物流能力的体系结构及其关键能力优化［D］．武汉：华中科技大学，2006.

的物流企业，能向物流顾客提供集成物流服务，如提供管理、策划、优化、整合、信息系统等多种服务，甚至全方位的“一条龙”服务。若 $D \leqslant S_0$，物流服务集成商的物流能力能满足物流顾客的物流需求，此时物流服务集成商不会选择功能型的物流企业，物流企业与物流顾客之间是一对一的关系，大多数物流市场上的供需匹配为这种情况。

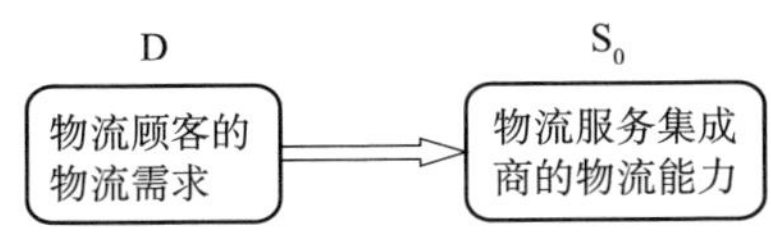

图 2－1　物流服务需求与物流能力的匹配

资料来源：笔者绘制。

若 $D > S_0$，物流服务集成商的物流能力不能满足物流顾客的物流需求。此时，物流服务集成商必须选择合适的功能型物流企业，通过物流运作能力集成物流要素能力提供给客户，而功能型物流企业的要素能力订单的分配则是由物流服务集成商来完成的。而功能型物流服务提供商经营的物流业务比较单一，一般只涉及仓储、运输、包装、装卸搬运等物流服务中的一项，提供简单物流业务，只有通过功能型物流企业的供应，物流服务集成商最终才能提供客户所需的、完整的物流服务。S_{00} 表示物流服务集成商的物流运作能力，S_{01} 表示物流服务集成商的物流要素能力，则物流服务集成商的物流能力为物流运作能力和物流要素能力的综合，可表示为 $S_0 = f(S_{00}, S_{01})$。D_i（$i = 1, 2, \cdots, n$）表示功能型物流企业 i 的物流能力的需求订单，S_i（$i = 1, 2, \cdots, n$）表示功能型物流企业 i 的物流能力。此时，物流服务供应链的结构就变成二级结构（见图 2－2）。

若 $D > S_0$，且 $S_{01} = 0$，物流服务集成商的物流要素能力为零，此时，物流服务供应链的合作类型为纵向物流能力合作；若 $D > S_0$，且 $S_{01} > 0$，此时，物流服务供应链的合作类型为横向物流能力合作。

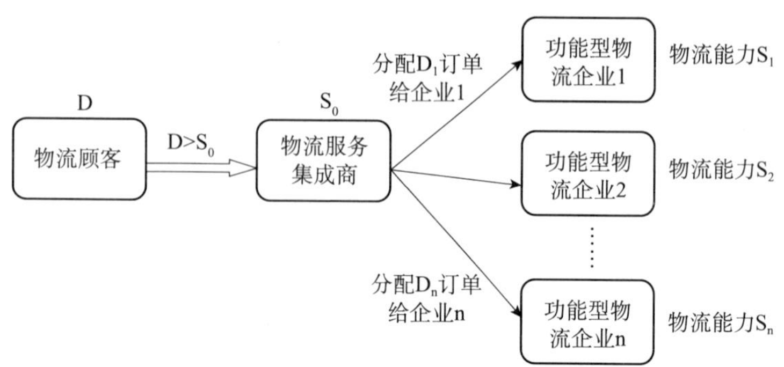

图 2-2　物流服务供应链的二级结构示意

资料来源：笔者绘制。

物流服务供应链若为二级结构，则 $D - S_0 = \sum_{i=1}^{n} D_i$，且 $D_i \leqslant S_i$，功能型物流企业提供其物流能力范围内的物流服务，若功能型物流企业之间的物流业务是相互独立的，不存在业务竞争。比如，一个是做运输业务的，一个是做仓储业务的，在逻辑上彼此业务之间为串联关系。若存在业务竞争关系，如两家功能型物流企业都是做运输的，在逻辑上彼此之间为并联关系，此时，图 2-2 就会演变成具体的二级结构示意图，见图 2-3、图 2-4。

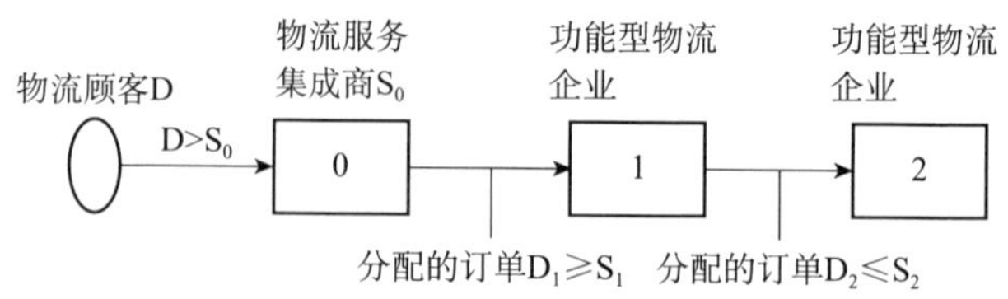

图 2-3　物流服务供应链串联结构

资料来源：笔者绘制。

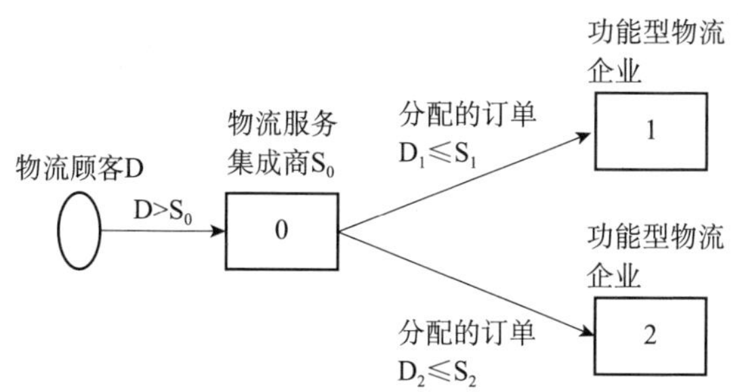

图 2-4　物流服务供应链并串联结构

资料来源：笔者绘制。

若 $D - S_0 = \sum_{i=1}^{n} D_i$，且 $D_i > S_i$，则第 i 个功能型物流企业的物流能力不能满足相应的物流需求订单，会继续外包给第三级的功能型物流企业，此时，物流服务供应链的结构就会演变为三级结构图。这样，不停地层层外包物流服务，逐步演变为物流服务供应链的网络结构，示意图见图 2-5。

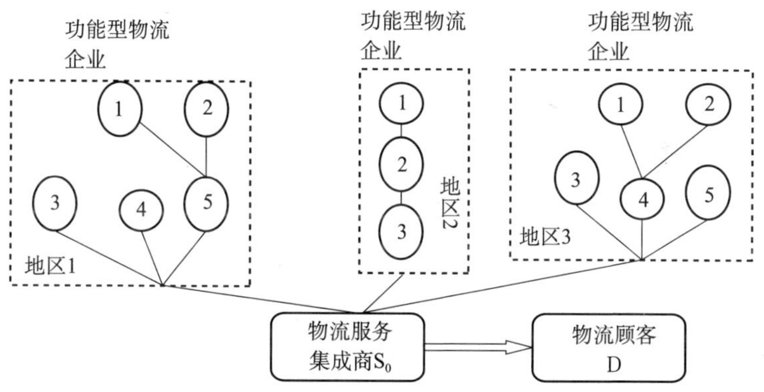

图 2-5　物流服务供应链的网络结构示意

资料来源：笔者绘制。

从物流服务供应链的结构演变来看，物流能力是最基本的动力，各种物流服务提供商彼此之间存在相互供应与相互需求的物流合作关系。不同物流服务供应链结构会有所不同，最终都会将物流服务集成商的物流运作能力集成后给客户提供一体化的物流服务。

2.2.3 物流服务供应链服务质量

自 20 世纪 80 年代以来，物流界很多人士认识到服务质量管理对物流活动的重要性。很多例子表明，优秀的物流服务对物流企业的收入和利润有重要的影响。而物流服务供应链集成物流企业的资源、信息、能力提供一体化的物流服务，其物流服务质量是服务质量理论在物流行业中的具体应用。根据国家标准《质量管理和质量保证》（GB6583.1）对服务质量的解释，我们可以认为，物流服务供应链的服务质量就是物流服务供应链能够满足规定或潜在物流服务要求的特征和性能的总和。由于物流服务供应链的产出是物流服务产出，与一般的服务产出是有区别的。根据罗杰·W. 施门纳（Roger W. Schmenner）的服务流程矩阵观点，物流服务有 4 个特征，具体见表 2－2，因此，物流服务质量管理难度较大。

表 2－2　　物流服务的特征

	低	高
劳动密集程度		√
顾客接触程度	√	
服务顾客化程度	√	
服务质量控制难易程度		√

资料来源：罗杰·W. 施门纳（Roger W. Schmenner）著．服务运作管理［M］. 刘丽文译，北京：清华大学出版社，2000.

国内外学者根据物流行业的特点，提出了物流服务质量的构成要素。曼泽尔、戈麦斯和克拉菲尔（Mentzer, Gome and Krapfel）总结了三个维度衡量实体配送服务质量：可得性、时间性和质量。① 曼泽尔、弗林特和肯特（Mentzer, Flint and Kent）认为，衡量物流服务质量应该从订货和收货两个方面来考虑，衡量订货过程的指标包括，人员沟通质量、订单释放质量和信息质量；衡量收货过程的指标包括，货品精确率、货品完好程度、时间性和误差处理。② 可以从三个方面来衡量物流服务质量：可得性、作业表现（包括速度、一致性、灵活性和故障与恢复）和服务可靠性。③ 刘潇（2010）将物流服务质量分为四个构成因素，可靠性、时间性、功能性和经济性，④ 如表 2－3 所示。

表 2－3　　物流服务质量的构成因素

构成因素	含义
可靠性	在物流服务过程中物流企业准确、可靠地履行物流服务承诺的能力
时间性	货品能否按承诺的时间到达顾客指定的地点
功能性	物流企业是否具备提供相应的物流服务的能力
经济性	物流服务的绝对价格和相对价格是否合理，并且是否具有竞争力

资料来源：刘潇．物流服务质量评价模型构建研究［D］．镇江：江苏大学，2010.

物流服务质量存在于物流服务供应链系统的三个方面：（1）物流服务对象（实物）管理——货物、服务、信息的管理；（2）物流服务过程管理——由运输、储存、装卸、搬运、包装、流通加

① John T. Mentzer Roger Gomes, Robert E. Krapfel. Physical Distribution Service: A Fundamental Marketing Concept?［J］. Journal of the Academy of Marketing Science, Winter, 1989, Volume 17, Issue 1: 53－62.

② John T. Mentzer, Daniel J. Flint and John L. Kent. Developing a Logistics Service Quality Scale［J］. Journal of Business Logistics, 1999, 20（1）: 9－31.

③ Donald J. Bowersox, David J. Closs. 著，林国龙，宋柏，沙梅译．物流管理：供应链过程的一体化［M］．北京：机械工业出版社，2002.

④ 刘潇．物流服务质量评价模型构建研究［D］．镇江：江苏大学，2010.

工、配送、信息处理等基本功能和过程对每一个环节的管理；(3) 供应链系统管理——物流工程（运用技术对物流的各个环节的协调管理）、供应链管理（各物流节点及合作伙伴、人员之间的合作与协调）。物流服务始终贯穿于整个系统运作的这三大层面，物流服务是在为客户提供实物位移的基础上，同时提供他们需要的延伸产品和形式产品，满足他们在获得产品实物位移过程中系统化的、一体化的、个性化的服务。

若将卡诺模型（Kano's model）应用于物流行业，同理，可将物流服务质量分为三个属性分类：基本属性、满意属性与惊喜属性。[①] 对这三种属性的判断，是与顾客满意相关的。顾客对物流服务质量的满意，也是通过把接受的物流服务的感知与对物流服务的期望相比较而界定的。顾客感知物流服务质量，如图 2-6 所示。

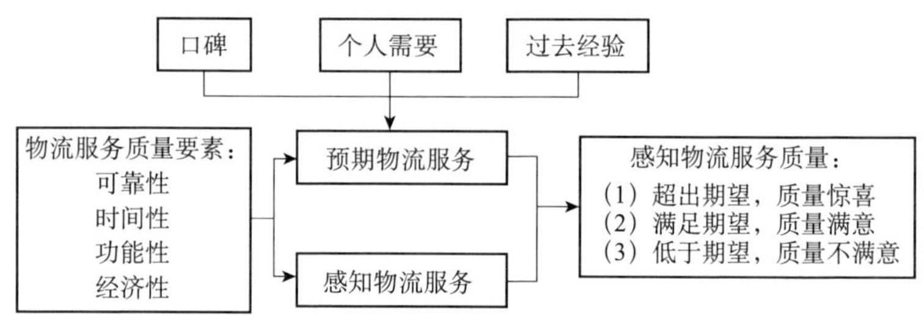

图 2-6 顾客感知物流服务质量

资料来源：Tan K. C., Shen X. X. Integrating Kano'S Model in the Planning Matrix of Quality Function Deployment [J]. *Total Quality Management*, 2000, 11 (8): 1141-1151.

从图 2-6 可以看出，只有当顾客感知到满意或者惊喜的物流服务质量时，顾客才能接受物流企业提供的物流服务。也就是说，顾客能否接受服务的决定性因素，就是服务质量。服务质量

---

① Tan K. C., Shen X. X. Integrating Kano's Model in the Planning Matrix of Quality Function Deployment [J]. *Total Quality Management*, 2000, 11 (8): 1141-1151.

一定要满足顾客的需要，要从过去符合性能、规范转变为满足顾客需要的顾客型质量观，不能仅从服务提供者的角度来看待服务质量，要转变到顾客的立场来看待服务质量，只有这样才能提供满足顾客需要的物流服务。

由于物流服务在过程管理方面与系统管理方面，顾客可接触程度低或可参与程度低，只有在物流服务对象管理方面顾客是能强烈感受到的，如货物位移时间、服务结果与服务承诺的比较、物流企业在规定时间内完成货物位移的情况等。也就是说，物流服务的可靠性是客户能强烈感受到的，物流服务的可靠性是会影响客户满意度的，也会影响物流服务质量。

如表2－3所示，物流服务质量的构成要素为可靠性、时间性、功能性和经济性。在物流服务质量的构成要素中，可靠性仍然排在首位，是影响顾客满意度最重要的维度。因此，本书将重点研究物流服务供应链物流服务质量中的可靠性构成维度。

2.3　物流服务供应链可靠性的基本概念

2.3.1　物流服务供应链可靠性的概念

物流服务供应链可靠性还没有统一、权威的定义，本书根据国家标准《可靠性基本名词术语及定义》（GB3187—82）定义物流服务供应链可靠性为，在外界因素的干扰下，物流服务供应链在规定时间和规定条件下完成物流需求功能的能力，完成这种功能的概率为可靠度。物流服务供应链是由具有物流核心能力的独立法人企业，为适应环境变化、把握市场机遇、实现资源和能力的共享，以物流服务为中心通过各种契约合作方式所构建的实现特定功能的企业联合体。根据研究的目的，本书将物流服务供应链作为一个系统，而将构成系统的物流企业称之为节点。物流服务供应链可靠性这一概念包含以下含义：

2.3.1.1 物流服务供应链可靠性是供应链系统整体的可靠性①

物流服务供应链是一个动态企业联合体，系统内的每一个独立企业能提供一定的物流服务，整个系统提供的是集成后的一体化物流服务。也就是说，物流服务供应链正是利用系统的功能来实现整个供应链的目标。因此，物流服务供应链可靠性不是节点的可靠性，也不是子系统的可靠性，而是供应链系统整体的可靠性，具体见图2－7。

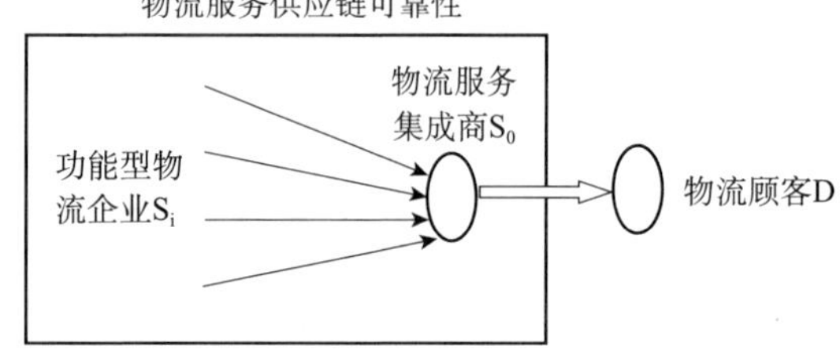

图2－7 物流服务供应链的可靠性

资料来源：笔者受到［美］郭位·V. 等（Way Kuo V. et al.，2011）的启发绘制。

每一个节点企业都有其自身的可靠性，是系统可靠性的基础。系统可靠性不仅与节点可靠性有关，同时，与系统的结构也有关系。

---

① ［美］郭位·V. 等（Way Kuo V. et al.）著. 最优可靠性设计：基础与应用［M］. 郭进利，阎春宁译. 北京：科学出版社，2011.

2.3.1.2　物流服务供应链可靠性是物流服务供应链功能的可靠性

物流服务供应链是有一定的网络结构的，并且完成物流服务会受到供应链所在路网的畅通程度的影响，因此，经常会有一定的认识误区，误将物流服务供应链可靠性等同于物流服务供应链网络的可靠性。从可靠性的定义来看，是在规定时间、条件下，系统完成规定功能的能力。那么，物流服务供应链可靠性是整个系统完成物流服务功能的可靠性，即物流服务供应链的可靠性取决于系统功能的优越程度。

2.3.1.3　物流服务供应链可靠性的分类

可靠性根据定义的角度不同可分为基本可靠性和任务可靠性；任务可靠性和价值可靠性；[①] 两终端可靠性、K 终端可靠性和全终端可靠性；结构可靠性和运作可靠性。

基本可靠性是系统及其组成单元引起的维修和后勤保障的最基本要求。任务可靠性是系统在执行任务过程中，完成规定任务的能力。

价值可靠性是在规定时间和订单任务下，供应链所完成的价值量与要求完成的最终价值量的比值。而两终端可靠性、K 终端可靠性和全终端可靠性是从供应链运作路径的角度，分析不同路径，以及路径中各段（两节点之间）的可靠性，是利用图论理论来研究网络的路径可靠性问题。

根据人－机工程理论，可以将物流服务供应链看作一个人－机系统。因此，可以将物流服务供应链可靠性分为人的可靠性和

---

① 按照不同的分类标准，任务可靠性被分在两个不同的类别中。

机的可靠性。

如2.3.1.2分析的那样，物流服务供应链的可靠性是物流服务功能的可靠性，与产品可靠性是有一定联系的。从可靠性理论来看，产品可靠性分为固有可靠性与使用可靠性。固有可靠性在设计和制造过程中是可控制的事件，用于描述产品的设计和制造的可靠性水平。固有可靠性决定产品质量，是产品内在因素的可靠性。使用可靠性是综合考虑产品设计、制造、工作环境和维修策略等因素，用于描述产品使用过程中的可靠性水平，会随着时间的推移逐渐降低。从文献推理可知，供应链有结构可靠性和使用可靠性之分，而物流服务供应链是供应链的一种类型，因此，物流服务供应链也有结构可靠性和使用可靠性之分。[①] 由于物流服务供应链的使用过程就是其运作过程，因此，将使用可靠性称之为运作可靠性更为恰当。物流服务供应链可靠性构成，见图2-8。

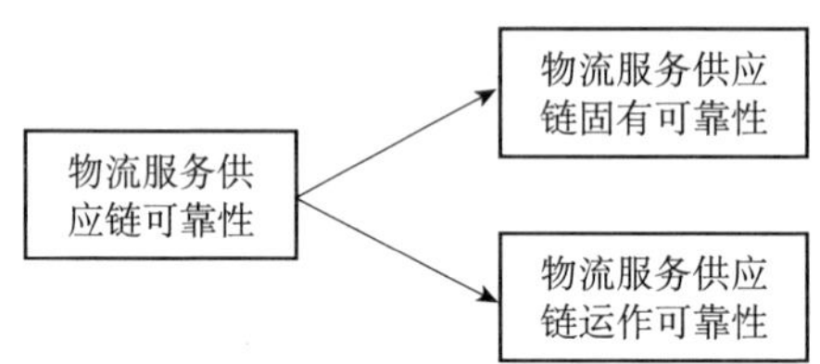

图2-8　物流服务供应链可靠性构成

资料来源：作者绘制。

物流服务供应链结构可靠性反映了物流服务供应链的初始质量，一个重要特点就是静态性，是在供应链的设计阶段、集成阶段，整个系统在组织、结构、设备和功能方面能否达到系统要求，也是对供应链提供者的能力、水平和素质的考量。通过对物

① 穆东，杜志平．供应链固有可靠性和运作可靠性研究［J］．物流技术，2004（12）：37-39.

流服务供应链固有可靠性分析，可以对整个供应链进行运行前的评价和调整，确定供应链运行前在组织、结构、设备和功能上达到合格状态。物流服务供应链运作可靠性是在运作过程中达到质量要求，以及满足客户要求的情况，受到运作过程中一些不确定性、环境、组成要素的时效性，以及运作管理者的管理能力等方面的影响。物流服务供应链运作可靠性反映了供应链的“时间质量”，关系到物流服务供应链的成败。物流服务供应链结构可靠性是运作可靠性的基础、前提和保证，物流服务供应链运作可靠性是结构可靠性的延续、实践和目的。

2. 3. 1. 4　物流服务供应链可靠性体现的是满足客户物流服务要求的可靠性

物流服务的主要特征是，在客户的时空要求下，完成物品的物流要求。由于物流服务的易逝性、无形性、异质性、同时并发性以及服务质量评价主观性等特点，物流服务可靠性的设计、失效、特点与硬件产品可靠性差异很大。物流服务供应链可靠性体现的是物流服务的可靠性，而不是提供这种功能的硬件的可靠性。物流服务供应链的可靠性，就是在规定条件下、规定时间内、规定功能的可靠性，即物流服务供应链的可靠性最终体现的就是能否满足客户提出的物流服务要求。

2. 3. 1. 5　物流服务供应链系统是一个可维修系统

可维修系统是当系统发生故障后，经过人们的维修活动能恢复到正常工作状态的系统。若物流服务供应链系统提供给顾客的物流服务失败了，在可靠性管理中我们称之为服务故障（failure），是可以通过服务维修（服务补救）恢复的。在系统遇到风险或意外时，物流服务供应链的相关节点成员具有自适应性，能通过维修将系统恢复到正常状态或接近正常状态，当然，服务维修会增加供应链系统总的成本。在物流服务故障时，如果补救措施是有效的，反而对与物流顾客建立良好的关系有积极作用。这一点与产品失效后的维修有着明显差异，因为经典的可靠性理论认为，产品在故障后通过维修是不可能恢复到故障前的质量水平的，但服务维修是有可能的。当然，这种可维修是以系统的可靠性管理为基础、为前提的，否则，物流服务故障状态就会转移到完全故障状态，成为有吸收态的马尔可夫链。若物流服务供应链系统的某部分发生改变，其可靠性将相应有较大的变化，但从本质上来看，物流服务供应链系统是一个可维修系统。可见，若供应链要提供稳定的、高服务水平的物流服务，可靠性管理的重要性不言而喻。

2.3.2 物流服务可靠性与有形产品可靠性的区别与联系

产品的可靠性研究历史较久，研究比较深入。服务可靠性的研究较少，物流服务可靠性与产品可靠性是有所区别的，具体见表2-4。

表2-4　物流服务可靠性与有形产品可靠性比较

	物流服务可靠性	有形产品可靠性
可靠性的产生时机	物流服务过程	工厂内部
决定因素	物流服务能力大小	零配件可靠性、制造工艺等
可靠性要素	产出质量、服务过程质量	技术质量
可靠性的维持	差	好
顾客对可靠性的贡献	小	大
评价主体	顾客	企业
可靠性评价的依据	顾客感知	企业质量标准
评价的特性	主观	客观

资料来源：笔者根据相关文献整理而得。

正是由于服务可靠性和产品可靠性有如此大的区别，本书将在剖析物流服务可靠性的内涵及外延的基础上，抓住物流服务能力这个决定性因素，对物流服务供应链的可靠性进行深入分析。

2.3.3 物流服务供应链可靠性特征量的选取

根据可靠性理论，可靠性特征量包括可靠度（R(t)）、失效率（λ(t)）、平均寿命（MTBF）等几种。在分析物流服务供应链可靠性时，如何合理选取可靠性特征量，选取的原则主要根据寿命分布来确定。

2.3.3.1 指数分布

目前的电子产品失效率符合指数分布，为常数，所以可以选择失效率为可靠性特征量，由于指数分布的平均寿命是失效率的倒数，也可以直接用平均寿命作为可靠性特征量。同时，服从指数分布的产品，也可用可靠度表示其可靠性。

2.3.3.2 正态分布

大多数机械类产品可用正态分布近似地表示其寿命分布，其可靠性特征量可选用可靠度（R(t)）和平均寿命（MTBF）。正态分布产品不宜采用失效率（λ(t)）为可靠性特征量，主要是计算失效率与其他特征量间的转换比较困难。

2.3.3.3 其他分布和未知分布

其他分布，如威尔布分布或产品寿命的随机分布不确定，可采用可靠度 R(t) 作为可靠性特征量。对未知分布的产品，一般在数据处理时采用非参数估计方法，用这种方法估计可靠性比较方便，因此，选取时也应该选用可靠度。表 2－5 给出了产品可靠性特征量的选取方式。

由于物流服务供应链可靠性研究的是物流服务的可靠性，寿命的随机分布是未知的，我们可以借鉴表 2－5 的方法，选取可靠度 R(t) 作为物流服务供应链可靠性的特征量。下面，本书将给出物流服务供应链可靠度的度量公式。

表 2－5　　产品可靠性特征量的选取方式

失效分布	产品的可靠性特征量
指数分布	R(t)，MTBF，λ(t)
正态分布	R(t)，MTBF
其他分布和未知分布	R(t)

资料来源：笔者根据相关文献整理而得。

2.3.4　物流服务供应链可靠度

物流服务供应链的可靠度是整个供应链完成最终功能的概率，能将整个系统的可靠性数量化，物流服务可靠性方面的质量管理才有了保证。根据研究目的，本书将物流服务供应链作为一个系统，而将构成系统的物流企业称之为节点。在物流服务供应链提供物流服务的过程中，会有一定的物流服务承诺。比如，运输服务中的一个主要服务承诺就是运到期限，若顾客货物的运送时间超过运到期限，那么，这批货物的服务质量中的可靠性水平下降，结果会导致顾客不满意，最终影响服务提供方的根本利益。也就是说，只要物流服务供应链提供的物流服务低于承诺的物流服务标准，就可认为其物流运作是不可靠的。在物流服务供应链给顾客提供的物流服务承诺中，本书选取其中最根本的指标——物流服务时间作为衡量可靠度的维度。物流服务时间是指，物流服务供应链对某批次货物开始提供物流服务到结束所用的时间。本书令 $R(t)$ 为物流服务供应链的可靠度，则物流服务供应链的可靠度可以用式（2－2）表示：

$$R(t)=P(T>t) \tag{2-2}$$

在式（2－2）中，在可靠度的数值上，某个事件的概率可用试验中该事件发生的频率来估计。因此，在规定的时间内，若有 $q(t)$ 单位的物流量没有达到物流服务供应链承诺的物流服务标准。则有 $Q_0-q(t)$ 单位的物流量达到物流服务供应链承诺的物流服务标准。显然，当 Q_0 足够大时：

$$R(t)=\frac{Q_0-q(t)}{Q_0}=1-\frac{q(t)}{Q_0} \tag{2-3}$$

由式（2－3）可见，可靠度是时间的函数，那么，可以在一个观测期内统计所有的物流服务中没有达到承诺的服务标准的物流量与总量，在观测期内的物流服务供应链的可靠度可以根据式（2－3）进行计算。

物流服务供应链是有一定结构的，结构不同的物流服务供应链的可靠性可能大不相同。物流服务集成与众多的功能型物流服务提供商是一种串联关系。功能型物流服务提供商彼此之间可能是串联关系，也可能是并联关系，也可能是混联关系。无论具体组成结构如何千差万别，但从逻辑上分析都可以分解归结到如图 2－9 的并联结构和串联结构。下面，分别对这两种结构的功能型物流服务提供商的可靠度进行研究，在此基础上，进一步研究物流服务供应链整体的可靠度。

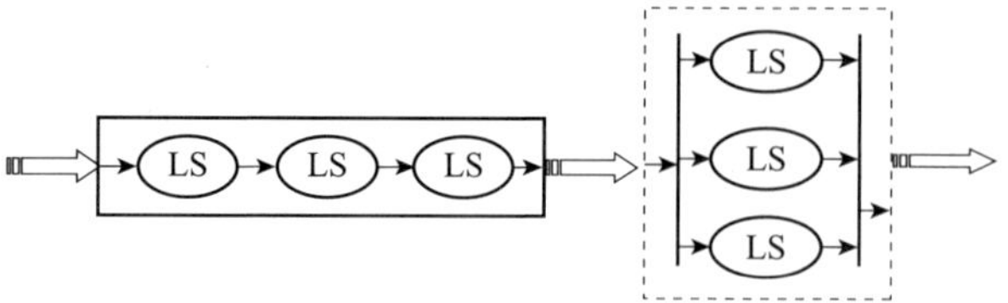

图 2-9 功能型物流服务提供商的逻辑组成结构示意

注：LS 表示功能型物流服务提供商。

资料来源：笔者绘制。

2.3.4.1 功能型物流服务提供商串联结构子系统的可靠度

功能型物流服务提供商结构若是串联，只有每一个节点企业的物流服务运作正常，子系统才能正常工作。根据概率论的乘积法则，可以得到串联结构的功能型物流服务提供商子系统的可靠度 R_{LS}：

$$R_{LS} = \prod_{i=1}^{n} R_{si} \tag{2-4}$$

在式（2-4）中，R_{si}表示串联结构中第 i 个功能型物流服务提供商的可靠度。

将式（2-3）代入式（2-4），可以得到串联结构的功能型物流服务提供商子系统的可靠度 R_{LS}：

$$R_{LS} = \prod_{i=1}^{n} \left(1 - \frac{q_i(t)}{Q_i}\right) \tag{2-5}$$

在式（2-5）中，$q_i(t)$ 表示观测期内统计到的第 i 个功能型物流服务提供商的物流服务，没有达到承诺服务标准的物流量。Q_i 表示观测期内统计到的第 i 个功能型物流服务提供商的物流总量。

2.3.4.2　功能型物流服务提供商并联结构子系统的可靠度

功能型物流服务提供商若采用并联结构，表明每个节点企业执行的物流任务是相似的，彼此之间能够相互代替。在观测期内，并联结构子系统提供的物流服务中累计没有达到承诺服务标准的物流总量 Q_{TF}，累计物流服务总量为 Q_T，二者的比值可以反映并联结构子系统没有满足期望物流服务水平的程度，那么，子系统的可靠度 R_{LP} 可以表示为：

$$R_{LP} = \frac{Q_T - Q_{TF}}{Q_T} = \frac{\sum_{i=1}^{n}[Q_i - q_i(t)]}{\sum_{i=1}^{n} Q_i} \tag{2-6}$$

在式（2－6）中，q_i（t）、Q_i 同前。

2.3.4.3　功能型物流服务提供商子系统的可靠度

我们知道，任何一个系统可以分解为串联结构的子系统和并联结构的子系统，同理，无论功能型物流服务提供商子系统是什么结构的子系统，也可以分解为串联结构的子系统与并联结构的子系统。因此，整个功能型物流服务提供商子系统的可靠度，为两个子系统可靠度的乘积，即：

$$R_{提供商} = R_{LS} \times R_{LP} = \prod_{i=1}^{n}\left(1 - \frac{q_i(t)}{Q_i}\right) \times \frac{\sum_{i=1}^{m}[Q_i - q_i(t)]}{\sum_{i=1}^{m} Q_i} \tag{2-7}$$

在式（2－7）中，q_i（t）、Q_i 同前。

2.3.4.4 物流服务供应链整体的可靠度

物流服务供应链可以分解为物流服务集成商子系统与功能型物流服务提供商子系统，这两个子系统之间通过串联结构形成完整的物流服务供应链。由于本书仅考虑物流服务供应链的二级结构，因此，整个物流服务供应链系统的可靠度R为两个子系统可靠度的乘积，即：

$$R = R_{集成商} \times R_{提供商} = \left(1 - \frac{q_0(t)}{Q_0}\right) \times \prod_{i=1}^{n}\left(1 - \frac{q_i(t)}{Q_i}\right) \times \frac{\sum_{i=1}^{m}[Q_i - q_i(t)]}{\sum_{i=1}^{m} Q_i} \quad (2-8)$$

在式（2-8）中，q_0（t）表示观测期内统计到的物流服务集成商自身的物流服务没有达到承诺服务标准的物流量。Q_i 表示观测期内统计到的物流服务集成商自身提供服务的物流总量。q_i（t）、Q_i 同前。

2.3.5 物流服务供应链可靠性的三种状态

如同可维修产品的可靠性一样，物流服务供应链系统可靠性仍然有三种状态，但由于物流服务供应链可靠性为服务可靠性，因此，将三种状态称之为正常服务状态、服务失效状态、服务故障状态，具体见图2-10。

服务失效这个概念并没有被大量使用，与其意思差不多的词大多为服务错误、不愉快事件等。主要原因是在服务行业中，服务可靠性的概念并没有得到重视。因而，服务失效事件作为可靠性工程的主要研究对象，在物流服务的研究中并没有被采用。本节基于可靠性理论分析物流服务供应链，因此，将物流服务供应链系统提供的物流服务偏离了规定功能时的状态称为服务故障状态，如物流运输服务晚点。

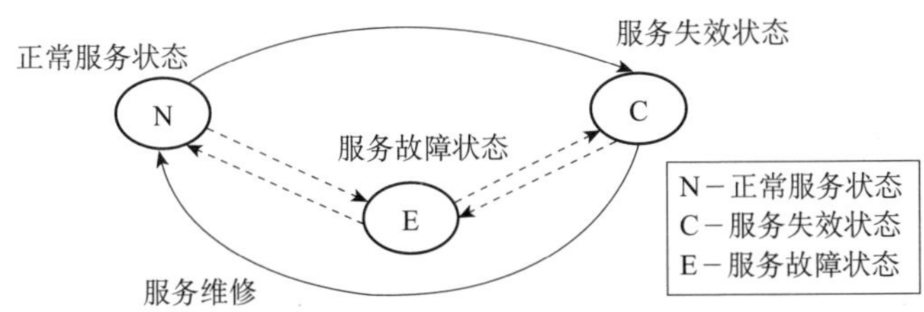

图2－10 物流服务供应链状态转换

资料来源：Ruslan Klimov，Yuri Merkuryev. Simulation Model for Supply Chain Reliability Evaluation［J］. Technological and Economic Development of Economy，2008，14（3）：300－311.

根据文献①可知，物流服务供应链系统的三种状态，如图2－10所示。若物流服务供应链遭遇到经常性发生的干扰事件，整个系统的物流能力没有损失，但系统的可靠性指标急剧下降，此时，系统必须通过自身的冗余能力来完成预订物流功能，保证可靠性水平，此时的状态为服务故障状态。也就是说，服务故障状态可以通过服务维修来达到正常的可靠性水平。若物流服务供应链遭遇到突发的干扰事件（如地震等自然灾害），整个系统的物流能力损失很大，系统通过自身的冗余能力无法完成预定的功能，只能通过应急管理调度外部资源才能完成物流服务，此时的状态为服务失效状态。

在正常情况下，物流服务集成企业根据客户的需求集成相应的物流服务分包商。在服务故障状态和服务失效状态下，物流服务供

① Ruslan Klimov. Yuri Merkuryev. Simulation Model for Supply Chain Reliability Evaluation［J］. Technological and Economic Development of Economy，2008，14（3）：300－311.

应链的可靠性急剧下降，提供给客户的物流服务是客户不能满意的。这时，物流服务集成企业会主动调整供应链结构，甚至会调用冗余的物流服务分包商进行服务运作，直至提供正常或接近于正常的物流服务。物流服务供应链三种状态的特征，如表2-6所示。

表2-6　　物流服务供应链不同状态下的特征

物流服务供应链的状态	正常服务状态	服务失效状态	服务故障状态
物流服务分包商类别	正常	非常规	正常+冗余
物流服务供应链的成本	正常	急剧上升	较高
物流服务供应链的管理	正常	应急管理	服务维修

资料来源：笔者整理。

本书研究的物流服务故障状态经过维修后能恢复正常服务状态或部分恢复正常服务状态，而服务失效状态下恢复物流服务主要运用的是应急物流管理。因此，本书暂不考虑服务失效状态的应急物流管理，而仅考虑物流服务供应链的正常服务状态与服务故障状态。这两种状态是可以通过服务维修进行转化的。因此，本书研究的物流服务供应链可靠性，为系统两种状态下的可靠性。

2.4　物流服务供应链的物流服务维修

2.4.1　物流服务故障

贝里和帕拉休拉曼（Berry and Parasuraman）认为，服务失败是“有缺陷的输出，反映了服务可靠性方面的不足”。[①] 根据

① A. Parasuraman, Leonard L. Berry and Valarie A. Zeithaml. More on Improving Service Quality Measurement [J]. Journal of Retailing, Volume 69, Issue 1, Spring 1993: 140-147.

顾客可感知物流服务质量模型，可将服务失败划分为两种类型，结果失败和过程失败。结果失败对应服务质量的技术质量，表明企业未能向顾客提供满意的核心服务，涉及物质利益和实际利益上的交换失败。如顾客购买物流企业的物流服务而未得到货物的及时位移。过程失败对应服务质量的功能质量，表明核心服务在其实现方式和传递方式上存在不足，涉及精神上、情感上的损失。如顾客在购买物流服务过程中遭到粗鲁的对待。

可靠性理论中对故障的定义为，产品或产品的一部分不能完成或全部不能完成预定功能的事件或状态为故障，对于不可修的产品也称失效。借鉴可靠性理论，若失败的物流服务不能进行维修，则称之为物流服务失效；若可以进行维修补救，则称之为物流服务故障。我们将物流服务供应链的物流故障定义为，物流服务供应链在提供物流服务的过程中，物流服务产品不能完成客户预定功能的状态为物流服务故障。只要出现了物流服务故障，我们就认为物流服务供应链的运作是不可靠的，其概率为故障概率，也称为不可靠度。在观测期内，若 Q_0 为总的物流量，有 $q(t)$ 单位的物流量没有达到客户预定的物流服务功能标准，当 Q_0 足够大时，可以用该事件发生的频率来估计，其不可靠度 $F(t)$ 可以表示为：

$$F(t)=\frac{q(t)}{Q_0} \tag{2-9}$$

如前文分析，物流服务供应链中的物流服务故障是可以维修、补救的，因此，本书统一将物流服务的失败称之为物流服务故障。物流服务故障的发生会破坏物流服务集成商与物流顾客之间的关系，进而影响企业经营的绩效。物流服务故障的后果包括两种：一种是显性的，即物流顾客流失；另一种则是隐性的，即不满意顾客中“坏口碑”的形成与传播。

物流服务集成商努力提供顾客期望的服务，但对于物流服务交付来说，“零缺陷”似乎是一个难以达到的目标。当消费者对此事实接纳或认可后，则期望企业在服务失败后能对此加以补救。所以，虽然物流服务故障难以避免，但通过有效的物流服务补救，反而对与物流顾客建立良好的关系有着积极作用。因为顾客会感到来自物流服务提供商的尊重，物流服务故障可以被恢复得更好，这是服务故障后的维修和硬件设备失效后维修的最明显差异。

2.4.2 物流服务的维修

自20世纪80年代初英国航空公司将“服务补救”一词引入服务管理领域，服务补救被定义为，企业在发生服务缺失或失误后所采取的行动与反应，其目的是通过这种反应，重新建立顾客满意和忠诚。[①] 塔克斯·S. S. 和布朗·S. W.（Tax S. S. and Brown S. W.）将服务补救视为一种管理过程，先要发现服务失败，分析失误原因，然后在定量分析的基础上，对服务失败进行评估并采取恰当的管理措施予以解决。[②] 韦福祥认为，服务补救不同于顾客抱怨处理，是服务企业在出现服务失败时所做出的一种即时性和主动性的反应。[③]

可靠性理论中的维修性是指，可修产品在规定的条件和时间

① Zeithaml V. A. Service Quality, Profitability, and the Economic Worth of Customers: What We Know and What We Need to Learn [J]. Academy of Marketing Science, 2000, 28 (1): 67-85.

② Tax S. S., Brown S. W. Recovering and from Learning from Service Failure [J]. Management Review, 1998, 40 (1): 75-88.

③ 韦福祥. 对服务补救若干问题的探讨 [J]. 天津商学院学报, 2002 (1): 24-26.

内，按照规定的程序和方法维修时，保持或恢复其规定状态的能力。维修性的概率度量，称为维修度。本节借鉴可靠性理论，将物流服务供应链中的维修定义为，物流服务产品在一定的条件与时间内，物流服务企业按照规定的程序和方法维修，保持物流服务恢复到预定状态的能力，其概率为维修度。维修有预防性维修和故障后维修之分。

对物流顾客而言，物流服务供应链提供的物流服务就是一个服务传递过程，由一系列服务步骤组成，每一个步骤都有相应的成功概率。[①] 任意一个步骤出现了物流服务故障，都会影响整个系统的可靠性水平。整个物流服务的成功率，可以表示为所有服务步骤成功率的累计乘积率，即：

$$P(S) = P(S_1) \times \prod_{i=2}^{n} P(S_i \mid S_{i-1}) \qquad (2-10)$$

在式（2－10）中，S 为一次成功的物流服务，S_i 是物流服务传递过程中的第 i 个成功步骤，S_n 是物流服务传递过程中最后一个成功步骤。

假如在物流服务传递过程中，前后的服务传递步骤彼此是相互独立的，下一步成功与否与上一步成功与否没有关系，则：

$$P(S_i \mid S_{i-1}) = P(S_i) \qquad (2-11)$$

那么，将式（2－11）代入式（2－10），得到：

$$P(S) = \prod_{I=1}^{n} P(S_i) \qquad (2-12)$$

物流服务供应链提供的物流服务若发生了故障，是可以通过服务维修来进行补救的。因此，成功的物流服务可以通过两种方式得到：一是对物流服务供应链系统原有设计步骤的成功执行；

① 熊英．服务补救管理研究［D］．武汉：武汉理工大学，2007.

二是对产生了服务故障的物流活动进行成功的服务维修。因此，根据可靠性理论可以得出：

$$P(S_i)=P(A_i)+P(R_i)-P(A_i)P(R_i|A_i) \quad (2-13)$$

在式（2-13）中，A_i 是按初始服务设计执行的且成功的物流活动 i，R_i 是成功的服务维修活动 i。

将式（2-13）代入式（2-12），当在物流服务供应链中考虑服务维修，成功的物流活动发生率为：

$$P(S)=\prod_{i=1}^{n}(P(A_i)+P(R_i)-P(A_i)P(R_i|A_i)) \quad (2-14)$$

式（2-14）表明，成功的服务维修活动与成功的初始设计活动可能具有相关性，这应该是符合实际情况的，因为导致最初服务活动失败的错误来源与导致服务维修失败的错误来源可能是相同的。当然，如果服务维修的步骤与初始设计的服务步骤完全不同，那么，就不会受到相同错误来源的影响。假设物流服务维修活动与初始设计的物流服务活动相互独立，那么，服务接触的成功概率为：

$$P(S)=\prod_{i=1}^{n}(P(A_i)+P(R_i)-P(A_i)P(R_i)) \quad (2-15)$$

服务维修比较可行的方法包括针对服务维修行为采取完全不同于初始服务活动的方法或组合，另外，将学习和可靠性评估活动内嵌于维修过程中，这样，原始失误的原因就能被发现，并对过程加以改进以实现补救目的。

根据贝叶斯法则：

$$P(R_i)=P(R_i|A_i)P(A_i)+P(R_i|\overline{A_i})P(\overline{A_i}) \quad (2-16)$$

在式（2-16）中，$\overline{A_i}$表示按初始服务设计执行的失败的服务活动 i，则有：将 $P(\overline{A_i})=1-P(A_i)$ 代入式（2-15）得到：

$$P(S) = \prod_{i=1}^{n} \left(P(A_i) + P(R_i \mid \overline{A_i}) P(\overline{A_i}) \right) \qquad (2-17)$$

2.4.3 物流服务维修收益的大小

对于物流服务维修收益的大小衡量，可以采用比值方法和差值方法。比值方法是将式（2－18）看作一个乘数，将乘数与没有服务维修的系统可靠性相乘，就可以得到维修服务系统的新可靠性。

$$乘数 = \prod_{i=1}^{n} \left(1 + \frac{P(R_i \mid \overline{A_i}) P(\overline{A_i})}{P(A_i)} \right) \qquad (2-18)$$

另一种方法是差值方法。通过式（2－19）可以算出，服务维修行为给系统可靠性带来的变化，即对服务维修实施前后系统的可靠性进行大小比较：

$$差值 = \prod_{i=1}^{n} P(A_i) \times \left(\prod_{i=1}^{n} \left(1 + \frac{P(R_i \mid \overline{A_i}) P(\overline{A_i})}{P(A_i)} \right) - 1 \right) \qquad (2-19)$$

2.4.4 A 物流公司的物流服务及可靠性

本案例的研究对象为 A 物流公司，业务为运输业务。该公司的运输服务传递流程由八个步骤组成，如表 2－7 所示。表 2－7 中每一步骤的可靠性是由调查、直接观测以及管理经验估计出来的。其中，步骤（3）与步骤（6）的可靠性较低，分别为 0.90 与 0.95。由式（2－10）可知，系统总体可靠性为每一步骤可靠性的乘积，计算为 0.781。

表 2-7　A 物流公司运输服务传递步骤及其可靠性

步骤序号	步骤描述	最初可靠性
(1)	客户提出托运要求	0.99
(2)	车辆上门接取货物	0.98
(3)	客户填写托运单	0.90
(4)	托运站装车	0.98
(5)	电脑制单、信息录入	0.98
(6)	货物运输过程	0.95
(7)	交接验货、到货处理	0.99
(8)	货物交付	0.99
	系统总体可靠性	0.781

资料来源：笔者整理。

从表 2-7 的数据可以看出，在 A 公司的运输服务过程中，最不可靠的环节在于步骤（3），意味着 10 次运输服务中有 9 次能正确地履行，并且绝大部分的步骤都将以 95% 以上的概率正确完成相应服务。因此，A 公司的管理者很自信地认为公司提供给客户的物流运输服务是很好的，可靠性是很高的。但我们可以看出，整个运输服务的总体可靠性并不高，只有 0.781，意味着有 21.9% 的客户不满意，管理者对这个结论感到很惊讶。然而，通过对 A 物流公司顾客的调查和访谈后得知，绝大部分对于 A 物流公司服务不满意的顾客是不会对 A 物流公司提出意见或抱怨，只是在下一次的服务需要中改选其他物流公司。为此，A 物流公司管理者决定对于服务系统中的薄弱环节采取相应的服务维修措施。

从表 2-7 可知，确定公司物流服务薄弱环节为可靠性较低的步骤（3）和步骤（6），并对其加以分析后，A 物流公司管理者提出了可行的预防性维修措施。

针对表 2-7 中的步骤（3），其维修措施是 A 物流公司让工作人员在物流顾客填写完托运单后帮助顾客再检查一遍，并得到顾客的进一步确认。由于顾客在填写托运单时可能会出现笔误，或者因为顾客书写潦草而导致工作人员可能会误解顾客的需求，A 物流公司的工作人员会将托运单内容向顾客核对来确认其正确性，但这样做有可能会降低系统的服务速度。因此，可能需要增加新的服务人员来维持原有的服务效率，新增的人员至少会降低顾客填写托运单的 70% 的错误率，提高其可靠性。

针对表 2 – 7 中的步骤（6），A 物流公司加强对运输环节的管理，装车时不超载，避免因超载导致车祸发生。同时，A 物流公司加强对驾驶员的管理，减少因为驾驶员的原因导致的车祸、货损、货差事件。此外，A 物流公司的中控中心加强与气象部门、交通管理部门的合作，减少因为天气原因或者交通拥堵的原因导致的货物运输晚点现象。通过以上管理，A 物流公司至少减少了货物运输环节 80% 的晚点现象，同时也增加了运营成本。

可靠性的提高会带来成本增加，考虑到资金问题，A 物流公司管理者需要在上述两项预防性维修方案中进行权衡。因此，需要对两个预防性维修方案对于系统总的可靠性改善程度进行分析。通过运用式（2 – 15）、式（2 – 18）与式（2 – 19），可以得出两种维修方案的差异比较，如表 2 – 8 所示。

从表 2 – 8 中可以看出，针对步骤（3）采取预防性维修措施后，系统整体的可靠性从原来的 0. 781 提高到 0. 833，其有效顾客服务改进率为 6. 66% 。而针对步骤（6）采取预防性维修措施后，系统整体的可靠性提高到 0. 818，有效顾客服务改进率为 4. 74% 。这是由于步骤（3）是系统最薄弱的环节，根据水桶原理，水桶装水的高度是由最短木板所决定的，预防性维修措施相当于增加了最短木板的长度，所以，对系统的可靠性增加有显著的提高作用。这也是符合实际情况的。

若同时对表2－8中的步骤（3）与步骤（6）采取预防性维修措施后，系统整体的可靠性提高到0.872，有效顾客服务改进率为11.65%。这表明，A物流公司若对服务薄弱步骤（3）与步骤（6）同时加强管理，提升薄弱环节的可靠性，对于系统可靠性的改善会起到显著的作用，具体见表2－8。

表2－8　步骤（3）与步骤（6）的预防性维修可靠性分析

步骤序号	最初可靠性	针对步骤（3）的维修		针对步骤（6）的维修		步骤（3）与步骤（6）同时维修	
		维修新增可靠性	净可靠性	维修新增可靠性	净可靠性	维修新增可靠性	净可靠性
（1）	0.99	0	0.99	0	0.99	0	0.99
（2）	0.98	0	0.98	0	0.98	0	0.98
（3）	0.90	0.6	0.96	0	0.90	0.6	0.96
（4）	0.98	0	0.98	0	0.98	0	0.98
（5）	0.98	0	0.98	0	0.98	0	0.98
（6）	0.95	0	0.95	0.9	0.995	0.9	0.995
（7）	0.99	0	0.99	0	0.99	0	0.99
（8）	0.99	0	0.99	0	0.99	0	0.99
总可靠性	0.781	0.833		0.818		0.872	
服务维修对于可靠性的贡献		0.052		0.037		0.091	
由预防性维修带来的可靠性增长率（%）		6.66		4.74		11.65	

从上述案例中我们发现，物流服务系统总的可靠性将低于过程中每一步骤的可靠性。事实上，若不采取预防性维修措施，系统总的可靠性将比系统中任何一个单独步骤的可靠性还低。这一事实早已被可靠性工程师知晓，却没有同等地被物流服务业中的管理者所知。因此，借助于式（2－10）对系统进行简单分析，

就能帮助企业管理者对系统可靠性有一个新的理解。

该案例的另一个重要启示是，随着系统复杂性的增加和系统一致性的降低，系统的可靠性将降低。管理者如果认识到这一点，将会主动地去设计更简单、更具有一致性的、可靠的物流服务系统。同时，该案例也证明了对薄弱环节的预防性维修能显著地提高可靠性，从而提高服务质量。

2.5 本章小结

本章在物流服务供应链已有研究的基础上，对物流服务供应链的物流能力与物流需求的匹配进行分析，建立了物流服务供应链的二级结构图和网络结构图。在厘清物流服务质量与物流服务可靠性关系的基础上，界定了物流服务供应链可靠性的内涵和外延，并对服务可靠性与产品可靠性进行了区别分析，选取物流服务供应链可靠性特征量为可靠度，并提出计算可靠度的推理公式。在对物流服务供应链的物流服务故障进行分析的基础上，对物流服务维修进行了案例分析。研究表明，通过对物流服务的预防性维修，能显著提高物流服务供应链的可靠性水平。

第 3 章

物流服务供应链可靠性影响因素识别

3.1 引　　言

物流服务供应链可能会因为运输道路中断、需求不确定、突发事件（台风、地震等）、运输设备故障等因素导致物流服务中断或低可靠性的服务。为了使物流服务供应链运作更加可靠、有效，有必要对影响物流服务供应链可靠性因素进行识别研究。物流服务供应链可靠性影响因素识别是指，分析物流服务供应链的各个过程环节、每一个参与主体及其所处的环境，找出可能影响系统可靠性的因素，掌握其特征及因素之间的关联关系，是一个把理论知识、实践经验、文献资料和方法、工具相结合的分析判断过程。①

可靠性影响因素识别是物流服务供应链可靠性管理中比较重要的一个阶段，是对物流服务供应链系统进行可靠性分析、评价

---

① 张延峰．供应链管理系统可靠性的分析与研究［D］．上海：复旦大学，2009.

和优化的前提，运用系统分析的方法与鱼刺图来对可能影响物流服务供应链可靠性的事件、情景等影响因素进行分析识别。通过对物流服务供应链系统可靠性影响因素的识别，有助于系统的可靠性管理、降低系统运作成本、提高系统正常运行的可靠性。可以说，没有对可靠性影响因素的识别，就无法进行可靠性评估、控制和管理。因此，对物流服务供应链系统可靠性影响因素的识别，具有很重要的意义。

提高物流服务供应链的可靠性就要降低其不可靠性，因此，可靠性影响因素识别可以通过识别不可靠性因素来进行确定。先要分析物流服务供应链的流程与环境，进而分析其不可靠性影响因素。

3.2　物流服务供应链主要流程分析

3.2.1　物流服务供应链运作的基本模型

如前面分析，物流服务集成商集成自有的物流资源或其他物流功能提供商的物流资源，给客户企业提供健全的物流服务功能，包括仓储网络、运输网络、信息网络与组织网络提供的仓储、运输、信息、管理等一体化的服务功能。物流服务集成商可能会调用企业外部的资源，如运输车辆、装卸设备、仓库以及其他物流资源，通过信息平台以及管理的集成，为顾客提供集成的、满足顾客需求的物流服务。对顾客而言，其接触的是物流服务集成商，整个物流服务供应链是个“黑箱”，只关注“黑箱”的输出，即其需要的物流服务。在这个过程中，涉及的不可靠因素贯穿于整个物流服务链的运作过程始末。物流服务供应链的运作，如图3－1所示。在物流服务供应链系统中，有参与工作的员工、机械设备（如车辆、装卸设备等）、信息系统软件以及整个系统所处的环境。这些都可能会影响物流服务供应链系统的可靠性。因此，为了系统、全面地分析物流服务供应链可靠性的影响因素，先要分析物流服务供应链的运作流程，从中寻找影响系统可靠性的因素。

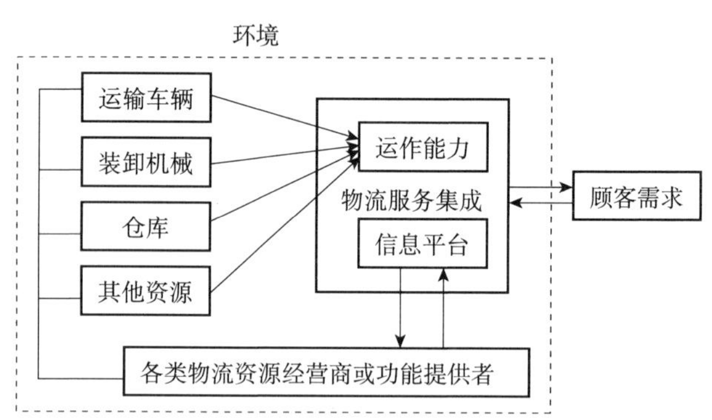

图3－1　物流服务供应链运作及资源调动的基本模型

资料来源：笔者绘制。

3.2.2　物流服务供应链运作主要流程分析

物流服务集成商与顾客达成物流服务协议后，需要调动企业内外部资源共同完成物流任务。这些资源主要有以下五种。

（1）物流设施。物流设施是组织物流服务供应链系统运行的基础物质条件，包括物流站、场、物流中心、仓库、物流线路、建筑、公路、铁路、港口等。

（2）物流装备。物流装备是保证物流服务供应链系统开动的重要条件，包括仓库货架、进出库设备、加工设备、运输设备、装卸机械等。

（3）物流工具。物流工具是物流服务供应链系统运行的物质条件，包括包装工具、维护工具、办公设备等。

（4）通信技术及通信网络。通信技术及通信网络是掌握和传递物流信息的手段，根据所需信息水平不同，包括通信设备及线路、传真设计、计算机及网络设备等。

（5）组织及管理。组织及管理是物流服务供应链的“软件”，起到联结、调运、运筹、协调、指挥其他各要素以保障实现系统物流服务功能的目的。

物流服务集成商集成物流服务供应链系统的上述资源，给客户提供物流服务，具体分为四种物流服务类型。

（1）基本功能的物流服务，主要有物流运输服务、仓储服务、流通加工服务、包装服务等单一物流功能或少数物流功能的组合服务项目。这种物流服务类型不一定建立在长期物流合同的基础上，大部分营业性物流业的公共物流业务基本上都属于这一服务层次，这可以看作是物流服务的初级形式。

（2）基于实物运作的物流服务，这种服务类型是建立在长期物流合同基础上的，客户只需提供实物运输、配送、分销、流通加工等相关信息，物流服务供应链就会根据信息提供相应的物流服务。双方合作期限，一般在1年以上，3~5年或更长时间，特点是进行全程或主要流程物流运作与管理。

（3）基于管理活动的物流服务，建立在物流管理合同的基础上，除了物流业务还包括物流管理，甚至有的顾客还将某些仓库或车队交给物流服务集成商管理。这种物流服务模式需要一定的信息系统集成。

（4）基于集成方案的物流服务，是顾客与物流服务集成商建立在长期物流合同基础上，形成一体化供应链物流方案，根据集成方案将所有的物流运作以及管理业务全部外包给物流服务集成商。

大多数传统的仓储企业、运输企业目前担任的是物流服务功能提供商的角色，有些物流企业担任的是物流服务集成商的角色，当然这些角色是动态变化的。在物流服务供应链提供的所有物流服务项目中，物流运作是其中最基本的服务项目，物流运作中又以物流运输与物流仓储为核心业务。因此，若要分析物流服务供应链的可靠性影响因素，必然需要分析物流服务中的运输、仓储运作流程。

3.2.2.1 物流运输服务的作业流程

物流运输服务的作业流程可以分为以下三个主要部分，即发、运、接。[①] 发主要包括运输作业之前的一些准备工作，包括货物的承运、制单、办理相关手续、通知等；运包括装车、运送、卸车、保管等环节；接包括交付、费用的结算等环节，具体见图3-2。

在物流企业办理货物承运就表示物流企业要对货物的运输全过程负责，所以，必须对顾客交付的货物适时检查、妥善保管，发现问题及时采取措施，否则易造成顾客纠纷。由于客户对运输时间的要求越来越严格，物流企业必须遵循承运条款中规定的运输期限，否则，运输环节时间可靠性会下降，运输服务质量下降。此外，在装车与卸车过程中强化质量意识，尽量杜绝货损、货差事故的发生。同时，应该严格遵守运载工具（货车、船舶等）的吨位要求，坚决避免超载情况的发生，否则，即使运输时间达到了客户要求，实体货物出现货损、货差也会造成物流服务

① 董千里．物流企业运作与实务［M］．北京：人民交通出版社，2004.

质量的下降。所以，物流运输环节的可靠性是在整个物流服务供应链可靠性中重要的构成部分，若物流运输可靠性下降会带来顾客满意度下降，因此，需要加强运输环节可靠性管理。

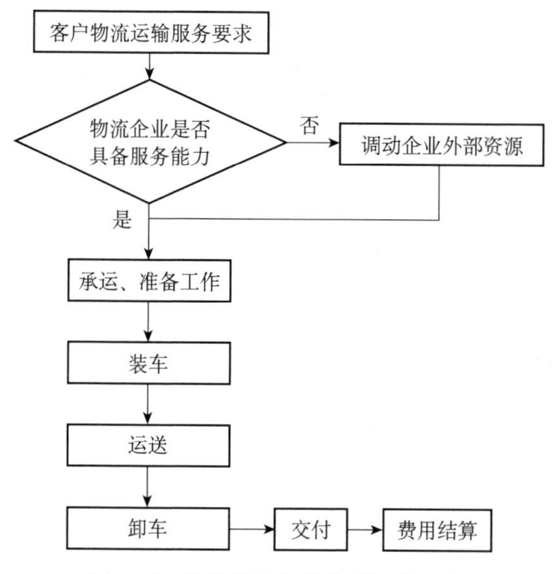

图3-2　物流服务运输作业流程示意

资料来源：董千里．物流企业运作与实务［M］．北京：人民交通出版社，2004.

3.2.2.2　物流仓储的运作流程

物流仓储的运作流程，主要分为货物入库作业、货物储存管理、货物出库作业三部分，具体流程见图3-3。

在货物入库作业阶段，仓库部门对入库货物一般不进行内在质量检验，主要检验货物的外观质量，有否霉变、锈蚀、虫蛀、挥发、变形等，以及外包质量是否符合储存要求，发现问题可采取相应的养护措施，也可以分清送货方与仓库服务提供方的责任界线，避免与顾客发生纠纷。在货物存储管理阶段，特别要加强养护管理，仓库工作人员应当经常或定期对库存物品进行检查和养护，目的是尽早发现潜在问题。在仓库中采取适当的温度、湿度和防护措施，预防破损、腐烂、失火及盗窃等，最大限度地减少货物自然损耗，杜绝保管不善而造成的货物损害，防止造成货物损失，提高养护工作的可靠性，达到安全存储物品的目的。仓

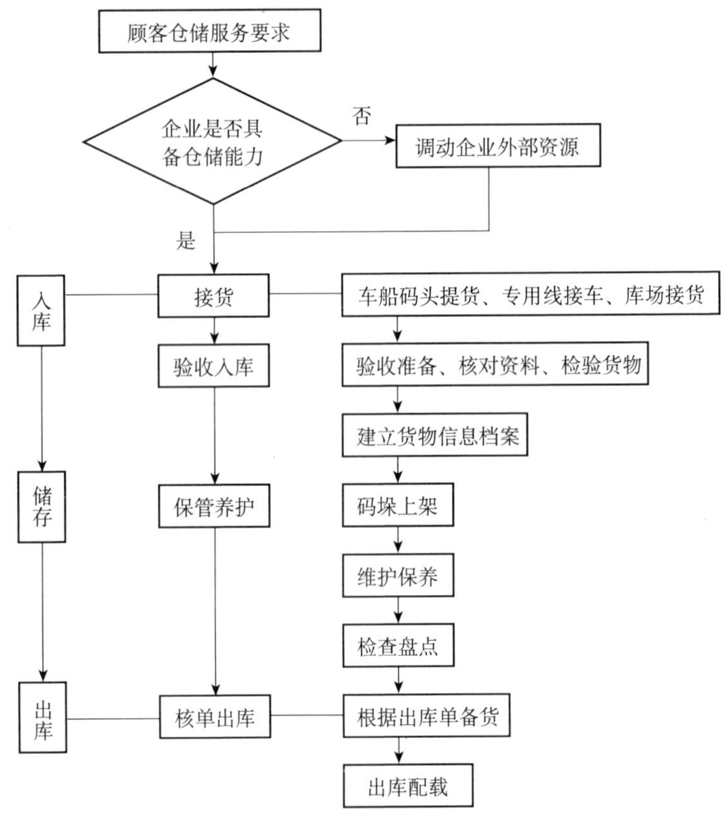

图 3-3　物流服务仓储作业流程示意

资料来源：董千里．物流企业运作与实务［M］．北京：人民交通出版社，2004.

库作业的最后一个环节就是发货出库，仓库工作人员应根据提货清单核单，核单时要逐项核对出库单证所列品名、数量等项有无错开、漏开和涂改痕迹，包括付货仓库是否相符，否则，容易出现货物损失。核单后工作人员进行货物的搬运和简易包装，依单交付货物，按照“先进先出、易霉易坏先出、接近失效期先出”的原则进行。

在物流仓储作业过程中，还需要重点注意的是仓储中的安全工作，这对仓储作业可靠性的影响是很大的。一是防燃烧、防爆炸工作，若货物是易燃烧、易爆炸品的化学危险品类，应单独修建危险品仓库；二是防毒害、防腐蚀工作，对有毒有害物品作业可采用防毒面具或者机器人作业，对放射性物品作业时，要有警戒测量设备，预防射线泄漏；三是防火防盗工作，仓库中须装备防火防盗的监视、自动报警设备、消防用具，做好防火防盗工作。

3.3　物流服务供应链可靠性的影响因素识别

正如第2章分析，物流服务供应链是一个复杂自适应系统，由于该系统运作环境的不可预测性、系统本身运作的复杂性，系统不可靠性因素是客观存在的。这表现在运输、仓储等各个环节上，并且每一个节点具有一定的不确定性，再加上物流服务供应链结构复杂性的影响，不可靠性在网络中传播蔓延，系统会变得难以管理，对物流服务供应链整体运作的性能产生了巨大影响。

若将物流服务供应链看作一个人—机系统，根据人—机—环境系统工程理论将物流服务供应链不可靠性因素分为人的因素、环境因素与“机”的因素，“机”的因素在本章中为物流服务供应链系统的内部因素。

3.3.1 人的因素

人是物流服务供应链系统运作中必不可少的。若将物流服务供应链看作一个人—机系统，在众多的人—机系统发生故障的报告中，人们发现有很大比例的事故起因是人为错误或人员可靠性。有证据表明，人的因素可以不同程度地导致20%～90%的系统失效。①② 多年来，人在系统中的绩效（行为/动作）水平，已经成为系统可靠性的薄弱环节的重要组成部分。人对系统的不恰当的、不正确的输入动作，成为造成直接经济损失、系统功能退化或失效的主要原因。物流行业也不例外，存在因驾驶员疲劳驾驶或操作不当造成人员伤亡或者货物报废的运输事故。这些人为事故大多是人自身的因素造成的。

人的因素包括生理因素、心理因素和素质因素。③ 其中，前两种因素在相对短的时间内会发生变化，而后者要经历较长的时间才能发生变化。生理因素包括个体身高差异、感官障碍、思维障碍、记忆、体力、耐力、运动机能不足、反应能力差、疲劳、生理压力、生物节律混乱等。例如，身体状态影响人的活动范围、操作力量、感知能力和反应能力等。

心理因素包括动机不正确、心理压力过大、无知、求快、从

---

① K. W. Lee, J. J. higgins and F. A Tillman. Stochastic Modeling of Human-performance Reliability [J]. *IEEE Transactions on Reliabiltiy*, 1988, Vol. 37 (5): 501－504.

② K. W. Lee, F. A Tillman and J. J. higgins. Stochastic Models for Mission Effectiveness [J]. *IEEE Transactions on Reliabiltiy*, 1990, Vol. 39 (3): 321－324.

③ 夏黎明，姜全兵．人为失误原因分析及对策［J］．安全，2001（5）：37－39.

众、逆反、习惯、自负、厌倦、紧张、侥幸等心理。例如，恐慌、焦虑会扰乱正常的信息处理过程，家庭纠纷、忧伤等社会压力会分散人的注意力。

素质因素包括个体的年龄、责任心、个性、知识、技能、经验等。例如，系统对操作者的要求超过操作者作业能力限度，会增加出现错误的可能性。而职业教育和训练及长期工作经验等，可以提高人的素质。

在物流服务供应链可靠性中，通过对人的失误分析，可以作为一种设计系统或改进系统的工具，从而将人的失误概率减少到系统可以接受的最小限度。在本章中，假定人是可靠的。

3.3.2 环境因素

在物流服务供应链系统提供的物流服务中，最核心的是货物的位移服务，运输必然会跨越一定的地域范围，在运行过程中是会受到环境影响的。如地震、道路中断、雨雪天气等，并且这种影响有可能是致命的，即导致整个系统故障，无法提供顾客需要的物流服务。恶劣的环境条件会使物流任务的实际完成期限比理想的任务完成期限更长，因而影响任务的可靠性。环境因素包括自然环境因素、社会环境因素与市场环境因素。因此，本章在分析物流服务供应链的可靠性时，也会重点考虑环境因素带来的影响。

(1) 自然环境因素。自然环境因素是指，来自大自然不可抗力的因素，如，地震、洪水、火灾、飓风、海啸、龙卷风、山体滑坡、火山爆发等自然灾害。这些自然灾害或者使交通系统瘫痪，运输工作无法正常进行，致使原材料、成品物资难以调运，物资不能及时送达；或者破坏公共基础通信设施，使信息传输中断，企业无法正常运转，这些都使供应链上的企业无力履约或履约能力变弱。自然环境因素可能会使物流服务的功能无法实现，会严重影响物流服务供应链的可靠性。

（2）社会环境因素。良好的社会环境可以确保企业的正常运营，而政治动荡、恐怖主义和突发的战争则会扰乱企业的经营活动，会给物流服务供应链企业开展正常物流活动造成很大的危害，甚至会造成物流企业的经营中断。因为这些意外的社会环境因素，往往会造成道路、机场、铁路、仓库、输油管线等基础设施类物流载体以及车辆、飞机、搬运机械设备类物流载体的瘫痪或者毁坏，整个社会物流系统受到重创，物流服务供应链也无法开展物流业务，无法实现顾客需要的物流服务，物流服务质量的可靠性也就无从谈起。

（3）市场环境因素。物流服务集成商和功能型物流服务提供商所处的物流产业是一个跨部门、跨行业的复合型产业，涉及铁路、公路、水路和空运等多种运输方式，也涉及口岸监管、土地、商务、税务和信息等其他相关部门，物流客户也分布在各个产业。因此，物流服务链的市场环境相当复杂，受到市场因素变动，引发物流服务可靠性下降的可能性比较大。比如，公路运输车辆燃油紧张，物流运输企业车辆无油可加，导致物流运输完不成任务，大量的货物爆仓，无法完成货物的位移要求，物流服务可靠性急剧下降。

物流服务供应链的能力是不能存储的，在一定时间段内，整个系统的物流能力是一定的。物流需求量是随机变化的，有一定的波动范围。当物流需求量的波动范围较大时，若物流需求量超过了相对稳定的物流能力，会导致一些货物不能在规定的时间、规定条件下到达目的地，影响物流服务功能的可靠性；若物流需求量远远低于整个系统的物流能力，物流服务可靠性没有问题，但带来的可靠性成本太高，从而导致高可靠性不经济性的结果。因此，物流需求量因素会影响物流服务供应链物流服务的可靠性。

物流服务链的可靠性外部环境影响因素有两个特点，其一，它是物流服务链自身不能控制的；其二，它必然通过一定的“不可靠性传递机制”传递至物流服务供应链系统内部，致使供应链上的节点企业正常的运营活动能力受限，影响物流服务供应链整体的物流服务产出。

3.3.3 内部因素

物流服务集成商在集成物流能力的过程中，在信息平台的基础上与物流服务提供商进行业务往来，提供稳定的物流服务。影响系统可靠性的因素，有信息平台因素、节点企业因素、集成商与物流服务提供商之间的协调因素与系统结构因素。

1. 节点企业的因素

各节点企业是物流服务供应链系统的物流能力供给方，物流服务能力、服务效率、硬件设施、信息技术水平、管理能力等，也是物流服务可靠的重要影响因素。从前面的运作流程分析可知，物流服务供应链提供的物流服务运作流程复杂，调配资源较多，系统运行过程程序复杂，可能出现失误、错误甚至事故。从主要的流程来讲，物流服务运作流程又分为运输过程、仓储过程。

(1) 运输过程的不可靠因素。运输过程中可能影响货物安全、快捷到达目的地的不可靠因素有人员违章、违规操作，也有运输工具发生故障引发的运输过程故障，最为严重的是运输过程中发生的运输事故，对节点企业或物流服务供应链的影响最为严重。

（2）仓储阶段不可靠因素。节点企业的仓储作业有可能发生管理不善、操作不当造成的货损货差，也有可能发生缺货现象，制约后续的运输作业。

2. 管理协调的因素

物流服务集成商与功能型物流企业通过管理与协作，共同为物流顾客提供可靠性的物流服务。在协作过程中，多层次、多环节的协作如果不能实现平稳、高效运行，那么，物流服务系统运行的波动就会被放大，从而影响整个物流服务供应链系统的可靠性。

3. 信息平台因素

信息平台或信息系统已成为物流服务供应链的一个不可或缺的重要构成部分。通过信息平台，物流服务供应链连接顾客、物流服务集成商与物流服务功能提供商。系统有可能会因信息系统的故障或失效导致整个系统可靠性下降甚至出现故障。

4. 系统结构因素

物流服务集成商与功能型物流企业通过协作为顾客提供物流服务，形成的拓扑结构有串联结构、并联结构、混联结构等，由可靠性工程理论可知，不同的结构会导致系统不同的可靠性。比如我们熟知的结论，各节点企业可靠性因素相同，并联型结构的系统可靠性会高于串联型结构的系统可靠性。因此，物流服务供应链的系统结构会影响系统的可靠性。在第 4 章，本书会对不同结构的物流服务供应链可靠性进行分析。

综上所述，运用人—机系统理论与鱼刺图的工具，本书将影响物流服务供应链可靠性的因素分为环境因素、内部因素与人的因素，具体见图 3－4。

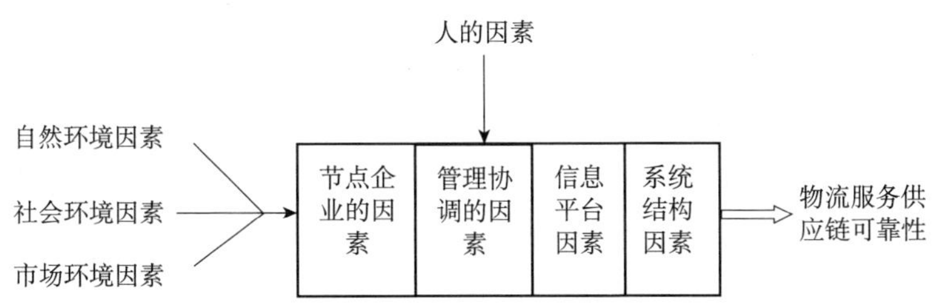

图 3－4　物流服务供应链可靠性影响因素示意

资料来源：笔者绘制。

3.4　物流服务供应链不可靠性的传递

物流服务供应链由物流服务集成商与众多的功能型物流企业构成，各节点企业相互协作，存在密切联系。各个物流业务环节环环相扣、彼此依赖、相互影响，任何一个环节出现问题，都可能波及其他环节，影响整个物流服务供应链的正常运作。苏特（Souter）、斯塔夫（Stauffer）认为，干扰事件影响的不仅是单个企业，还沿着供应链的不同环节传播。①② 每一个可靠性影响因素都会随着系统结构的传递作用转移到其他节点企业，甚至是整个物流服务供应链，从而影响整体的功能可靠性，物流服务的失败或中断，造成物流顾客或物流服务供应链的损失，我们称之为不可靠性的传递。物流服务供应链上的这种不可靠性传递，是在各节点企业之间的传递。由图 3－4 可知，物流服务供

① Souter G. Risks from Supply Chain also Demand Attention [J]. Business Insurance, 2000, 34 (20): 28－28.

② Stauffer D. Supply-chain Risk: Deal with It [M]. Boston: Harvard Business School, April, 2003.

应链可靠性外部环境影响因素是不可控的，因此，其造成的不可靠性传递与内部环境因素造成的不可靠性传递是不同的。

如发生工潮，港口关闭，导致某企业的集装箱船无法卸货返航，这使得该企业损失重大。罢工这个社会环境影响因素是企业无法控制的，但会造成企业巨大的经济损失。

这些外部影响因素给节点企业带来的巨大经济损失，有的甚至可能是毁灭性的，但这些外部影响因素却是不可控的。理解由于一个节点企业或一组节点企业受到外部环境影响因素造成的传递性影响，以及理解这种传递性影响是如何反过来影响整个物流服务供应链的正常运行，就变得非常重要。

3.4.1 外部环境因素造成的不可靠性传递

影响物流服务供应链可靠性的外部环境因素是不可预测的，如重大事故、自然灾害和人为恐怖活动。笔者参考董明《供应链设计—过程建模、风险分析与绩效优化》一书的思路，运用里昂剔夫（Leontief）输入输出模型来分析物流服务供应链外部环境因素造成的不可靠性的传递问题。里昂悌夫输入输出模型是分析系统相互依赖关系的分析工具（Santos），能够描述出多个经济部门间的相互关系程度。

基础里昂悌夫输入输出模型方程式如下：

$$x = Ax + c \Leftrightarrow \{x_i = \sum_j a_{ij}x_j + c_i\} \forall i \quad (3-1)$$

在式（3-1）中，x_i，x_j 分布是行业 i 和 j 的总输出；a_{ij}是 i 对 j 的输入与 j 的总输出的比例；c_i 是 i 的输出中最终用户的最终需求部分。

克劳瑟和海默斯（Crowther and Haimes）以里昂剔夫输入输出模型为基础提出了不可运作性输入输出模型，公式如下：

$$q = A^{*} \times q + c^{*} \tag{3-2}$$

式（3-2）的变量解释如下：

q是不可运作性向量，指的是正常的系统性能不可实现的程度。q中的各元素是系统没有实现的功能与正常状态下系统功能的比值。

A^{*}是相互关系的系数矩阵，表示系统元素间相互依赖关系的等级。A^{*}中的元素可以解释为由于行元素对列元素的依赖关系造成的行元素增加的不可运作性。

c^{*}是需求扰动向量或供给扰动向量，表示与正常水平相比所降低的最终需求或最终供给。

不可运作性是指，系统在执行其计划功能时的非实现率，是一个取值范围从0到1的连续型变量。其中，0代表系统性能和计划水平一样，1代表系统完全崩溃。与正常系统相比，服务型系统的不可运作性为系统服务质量降低的水平。董明（2010）首次将不可运作性输入输出模型应用于供应链网络，分析由突发事件或恐怖袭击造成的一个故障或多个故障的传递性以及可能造成的经济损失。

本小节也利用不可运作性输入输出模型来分析环境因素对物流服务供应链可靠性的影响传递。由前面分析可知，物流服务供应链可靠性与系统结构有关，因此，应用不可运作性输入输出模型分析时，我们给出两个前提条件：

（1）本章研究物流服务供应链不可靠性的传递，是在一定时间范围内的。起始于社会环境因素（如突发事件、灾难事件）的发生，终止于直接受冲击节点有能力采取措施恢复造成的损失之时。

（2）在这段给定的时间范围内，物流服务供应链的结构保持稳定，即组织形式、节点个数以及节点间的相互关系是保持不变的。

在这样的前提条件下，将物流服务供应链作为一个系统，系统的输入有物流服务供应链的各种物质、能量和信息，也可能存在突发事件、自然灾害等事件，系统输出的是物流服务，但可能存在物流服务故障。物流服务供应链的输入输出示意，如图 3 －5 所示。

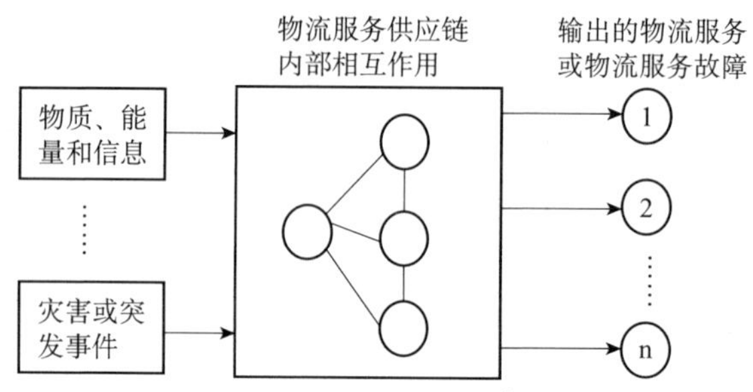

图 3 －5　物流服务供应链的输入输出示意

资料来源：笔者根据物流服务供应链系统的相关内容绘制而得。

物流服务供应链中节点企业用 1，2，…，n 标记，模型中的变量可定义如下：

q_j：j＝1，2，…，n，是节点 j 的总的不可靠性，可能是由一个或者多个突发事件或灾难事件引起的，得出它的大小需要同时考虑不可用程度和发生概率。

q_{ij}：i，j＝1，2，…，n，是由于节点间相互关系，j 节点造成的 i 节点不可用性的大小。

a_{ij}：i，j＝1，2，…，n，是由于节点间相互关系 j 节点造成的 i 节点不可用性的概率。

造成不可靠性的概率，取决于 i 节点对 j 节点的依赖程度。a_{ij}是取值范围从 －1 到 1 的连续型变量。其中，1 表示，j 节点的完全瘫痪会带来 i 节点的完全瘫痪；0 表示，i 节点完全独立于 j

节点，j节点的变化不会对i节点产生直接影响；-1到0表示，i节点与j节点之间存在物流需求的竞争关系，j节点遭受突发事件或灾难事件造成物流能力的下降导致j节点的物流需求没有得到满足，那么，i节点就新增加相应的没有得到j节点满足的物流需求量，此时a_{ij}的绝对值表示j节点提高i节点运作性概率。实际上，a_{ij}描述的是i节点和j节点之间的相互依赖关系，因此，a_{ij}通常被称为相互关系系数。

令$A=(a_{ij})_{n\times n}$表示相互关系矩阵，描述了物流服务供应链节点间的相互依赖关系。我们知道，物流服务供应链中的节点企业的不可靠性，是节点直接物流服务故障造成的不可靠性和其他节点对其造成的间接不可靠性的总和。节点服务故障造成的不可靠性的直接影响为c_i，c_i可以通过评估i节点的供给或需求相对于计划水平的减少比率得到。物流服务故障在节点间是可以传递的，见图3-6，那么，其他节点造成的间接不可运作性为：

$$q_{ij}=a_{ij}q_j,i,j=1,2,\cdots,n \tag{3-3}$$

因此，节点i的不可靠性为：

$$q_i=\sum_{j=1}^{n}q_{ij}+c_i=\sum_{j=1}^{n}a_{ij}q_j+c_i,i,j=1,2,\cdots,n \tag{3-4}$$

设$q=[q_1,q_2,\cdots,q_n]^T$，$c=[c_1,c_2,\cdots,c_n]^T$，$A=(a_{ij})_{n\times n}$，可以得到物流服务供应链系统的不可靠性输入输出模型：

$$q=Aq+c \tag{3-5}$$

如果$(I-A)^{-1}$存在，方程（3-5）的解为：

$$q=(I-A)^{-1}c \tag{3-6}$$

因此，由式（3-6）物流服务供应链中每个节点企业的不可靠性都可以得到，过程如图3-7所示。

在运用不可靠性输入输出模型中，A是不可靠性输入输出模

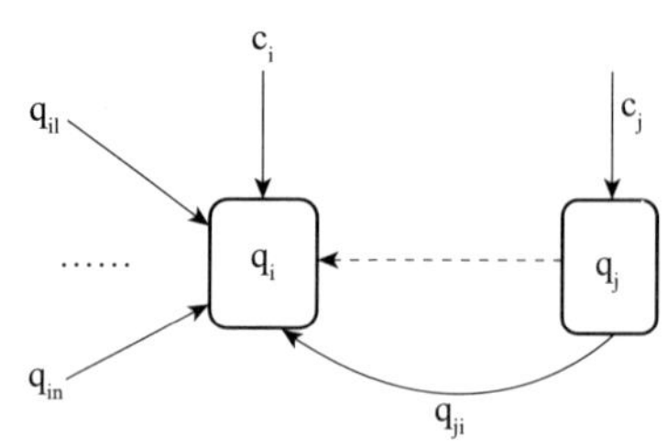

图 3-6　不可靠性在节点企业间的转化和传递示意

资料来源：笔者根据式（3-4）绘制。

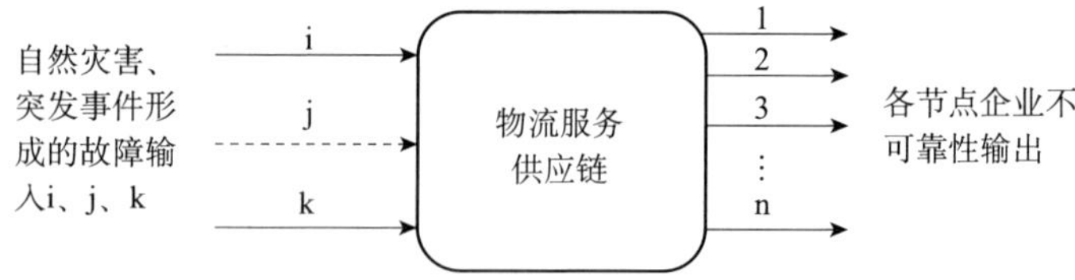

图 3-7　不可运作性评估过程

资料来源：笔者根据董明．供应链设计——过程建模、风险分析与绩效优化［M］．上海：上海交通大学出版社，2010 绘制，有所改动。

型评估有相互关系的节点企业间传递性影响的关键。本书利用有序加权平均算子法计算物流服务供应链系统中直接相连的节点间相互依赖关系系数。

3.4.1.1　基于有序加权平均算子法的相互关联矩阵的产生

有序加权平均算子法是由雅格（Yager）在研究多目标决策问题时提出的（Yager，1988）。设函数 $F: R^n \rightarrow R$（R 是实数集），$(u_1, u_2, \cdots, u_n)$ 是给定的向量，$W=(w_1, w_2, \cdots, w_n)^T$ 是与

函数 F 相关的权重向量，其中，$\sum_{j=1}^{n} w_j = 1$，$w_j \in [0, 1]$，$j=1, 2, \cdots, n$。令 b_j 表示（u_1，u_2，…，u_n）中第 j 大元素 u_i，如果：

$$F(u_1, u_2, \cdots, u_n) = \sum_{j=1}^{n} w_j b_j \tag{3-7}$$

则称函数 F 为有序加权平均算子。该算子的特性是，对数据（u_1，u_2，…，u_n）按从大到小的顺序重新进行排序并通过加权集结。而且，元素 u_i 与元素 w_i 没有任何联系，只与集结过程中第 i 个位置有关。对于物流服务供应链网络，有若干因素共同决定了节点间的相互关系，相同因素对于不同节点来讲，对相互关系起到的作用是不同的。因此，有序加权平均算子法的特性，恰好可以应用于物流服务供应链节点间直接相连节点对的相互关系系数的评估中。

设物流服务供应链各节点间的物流能力交易量（u_1）、供给物流能力节点的可替代性（u_2）、存在物流能力竞争的节点企业数量（u_3）为影响节点关系的几个最主要因素。基于（OWA）算子的评估步骤如下。

第一步：设置 OWA 权重向量。可由相关的物流服务供应链管理专家确定权重向量 $W = (w_1, w_2, \cdots, w_n)^T$ 各元素值。

第二步：确定评价矩阵。找出供应链中所有与 i 节点有直接物流服务能力供需关系的节点总数 m 个，这些直接相连的节点构成向量，相关专家对向量内每个节点的每个因素和 i 节点的相互关系大小评级。如果是定性因素，如可替代性，可划分为 {1, 2, 3, 4, 5} 五个等级；如果是定量因素，如物流能力交易量，则可直接给出真实值的大小。评估完毕，可得到评价矩阵。假定与 i 节点直接相连的节点有 3 个（a，b，c），此时 m=3，构成的向量 X = （x_a，x_b，x_c），评价矩阵 $Y_i = (y_{lk})_{m \times 3}$，（l = a，b，c），（k = 1，2，3），见表 3 - 1。

表 3 - 1　　评价矩阵 Y_i

i	u_1	u_2	u_3
x_a	y_{a1}	y_{a2}	y_{a3}
x_b	y_{b1}	y_{b2}	y_{b3}
x_c	y_{c1}	y_{c2}	y_{c3}

第三步：标准化评价矩阵。按照 OWA 算子理论，如果因素评价值越大，对结果的影响越大，那么，该因素就是效益型因素；如果因素评价值越大，对结果的影响越小，那么，该因素就是成本型因素。效益型因素和成本型因素一是评价向量的标准化方式，分别如式（3 - 8）、式（3 - 9）所示[①]。由此可见，两节点间物流能力交易量越大，两节点间的相互关系越紧密，因此，节点间的交易量（u_1）为效益型因素，其他两个因素为成本型因素。

$$r_{lk} = \frac{y_{lk}}{\sum_{l} y_{lk}} \tag{3-8}$$

$$r_{lk} = \frac{\frac{1}{y_{lk}}}{\sum_{l} \frac{1}{y_{lk}}} \tag{3-9}$$

第四步：综合评价。由式（3 - 7）集结每个节点各因素的规范化评价值，以得到每个节点的综合评价值。这个综合评价

① Goh C. H.，Tung Y. C. A. and Cheng C. H. A. revised weighted sum decision model for robot selection［J］. Computers & Industrial Engineering，1996，30（2）：193 - 199.

值，就是相互依赖系数 a_{ij}。

$$a_{il}(w_1, w_2, w_3, w_4) = \sum_{k=1}^{3} w_k b_k \tag{3-10}$$

在式（3-10）中，b_k 是 r_l 中第 k 大元素。对于每一个 r_l，如果都按照由大到小的顺序重新排列，其元素得到新的向量 v_l，便可以得到新的矩阵 $V = (v_{lk})_{m \times 3}$，此时：

$$a_{il} = v_l W \tag{3-11}$$

第五步：对物流服务供应链中的每一个节点重复步骤 2～步骤4，就可以得到系统中任一直接关联的节点间的相互关系系数。

若节点间存在竞争关系，其系数的确定主要考虑由于某节点受到冲击而使其竞争节点物流能力相对于计划增长的比例。设 i 节点与 j 节点同时为节点 g 提供同样的物流服务。在给定时间内，i 节点对 g 节点的计划供应能力为 s_i，如果没有竞争对手 j 的干扰作用，i 节点对 g 节点的最大供应能力为 I_i。可以得到竞争关系系数：

$$a_{ij} = \frac{I_i - s_i}{s_i} \tag{3-12}$$

得到所有的相互依赖系数和竞争关系系数，就可以得到相互关系矩阵 A，其中，$A = (a_{ij})_{n \times n}$。

3.4.1.2 外部环境因素造成的不可靠性传递的算例

下面，通过一个物流服务供应链案例，说明外部环境因素造成的不可靠性是如何传递的。物流服务供应链的拓扑结构，如图 3-8 所示。

案例中的物流服务供应链由一个物流服务集成商，6 个功能型物流企业构成，各节点企业没有冗余的物流能力。物流能力需求供应数据，如图 3 – 8 所示。顾客的物流需求为 10 000 单位物流能力，物流服务集成商即节点 1 的物流能力供需数据 10 000（4 000）单位表示物流能力需求订单为 10 000 单位，自身能供应的物流要素能力为 4 000 单位，即需要集成功能型物流企业的物流能力为 6 000 单位；节点 2 的物流能力供需数据用 4 000（2 400）单位表示，物流能力需求订单为 4 000 单位，自身能供应的物流要素能力为 2 400 单位，即需要集成功能型物流企业的物流能力为1 600 单位。其他节点企业以此类推。假设第 5 个节点企业受到自然灾害的影响，此灾难造成节点 5 对节点 2 的物流能力供给减少了 30%。本案例运用不可运作性输入输出模型来分析环境因素造成的影响是如何传递的，节点企业物流能力供给的减少对整个物流服务供应链造成的影响及损失。

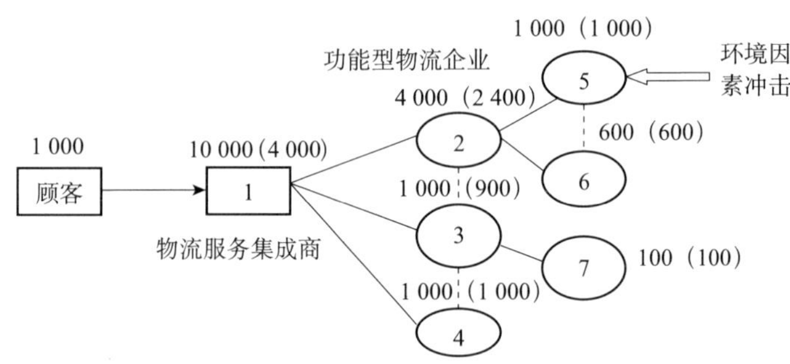

图 3 – 8　无冗余物流能力的物流服务供应链拓扑结构

资料来源：笔者绘制。

1. 相互关联矩阵

一个节点企业由于环境因素造成的物流能力损失会影响其他节点企业，是因为节点企业之间相互有关系，所有节点间的相互依赖关系系数可以利用 OWA 算子评价得到。

第一步：设定 OWA 权重向量。考虑到物流服务的特点，由专家及相关专业人员给出权重向量 $W=(0.5, 0.3, 0.2)^T$。

第二步：确定评价矩阵。令 $x_l(l=1, 5, 6)$ 表示与节点 2 有直接供需的三个节点。相关专家给出评价矩阵 Y_2，如表 3-2 所示。

表 3-2　　节点 2 的评价矩阵 Y_2

节点 2	u_1	u_2	u_3
x_1	52.000	5.000	3.000
x_5	30.000	3.000	2.000
x_6	22.000	4.000	3.000

资料来源：笔者整理。

第三步：标准化评价矩阵。以 y_{52} 为例，按照式（3-9），有：

$$y_{52}=\frac{\frac{1}{y_{l2}}}{\sum_{l}\frac{1}{y_{l2}}}=\frac{\frac{1}{3}}{\frac{1}{5}+\frac{1}{3}+\frac{1}{4}}=0.426$$

用式（3-8）或式（3-9）标准化 Y_2 中的每一个 y_{lk}（$l=1, 5, 6$，$k=1, 2, 3$），得到标准化评价矩阵 $R=(r_{lk})_{3\times3}$，见表 3-3。

表 3-3　　节点 2 的评价矩阵 R_2

节点 2	u_1	u_2	u_3
x_1	0.642	0.255	0.286
x_5	0.160	0.426	0.428
x_6	0.198	0.319	0.286

资料来源：笔者整理。

第四步：综合各评价值。按由大到小的顺序排列 R_2 的每一行，得到矩阵 V_2，见表 3-4。根据式（3-11），得到：

$$(a_{21}, a_{25}, a_{26})^T=V_2W=(0.458, 0.374, 0.285)^T$$

表 3-4　　节点 2 的排序矩阵 V_2

节点 2	u_1	u_2	u_3
x_1	0.642	0.286	0.255
x_5	0.428	0.426	0.160
x_6	0.319	0.286	0.198

资料来源：笔者整理。

相似地，其他直接相连的节点间关系，也可以通过这种方法得到。由式（3-12）可以计算存在的竞争关系系数（节点 5 和节点 6，节点 2 和节点 3，节点 3 和节点 4）。在给定时间段内，以 a_{56} 为例，节点 5 从节点 2 分配到的物流能力订单为 1 000 单位订单，但是如果没有节点 6，节点 5 可从节点 2 分配到的物流能力订单为 1 600 单位订单，因此：

$$a_{56}=\frac{1\ 600-1\ 000}{1\ 000}=0.6$$

同样可以得到物流服务供应链中所有竞争节点间的竞争关系系数。把各节点的相互依赖关系系数和竞争关系系数整合在一起，就得到了相互关系矩阵 A。矩阵 A 中的负数表示竞争关系系数，正数表示相互依赖关系系数，0 表示两个节点间没有关系。

$$A=\begin{bmatrix} 0 & 0.568 & 0.352 & 0.245 & 0 & 0 & 0 \\ 0.458 & 0 & -0.400 & 0 & 0.374 & 0.285 & 0 \\ 0.285 & -0.438 & 0 & -0.700 & 0 & 0 & 0.328 \\ 0.152 & 0 & -0.300 & 0 & 0 & 0 & 0 \\ 0 & 0.431 & 0 & 0 & 0 & -0.600 & 0 \\ 0 & 0.326 & 0 & 0 & -1.670 & 0 & 0 \\ 0 & 0 & 0.421 & 0 & 0 & 0 & 0 \end{bmatrix}$$

2. 不可靠性的传递途径（无冗余物流能力）

节点 5 遭受的自然灾害导致其物流供应能力下降 30%，即

$c_5=0.3$，根据节点 5 遭受的自然灾害造成的不可用程度，其执行物流功能的非实现率 $q_5=0.3$。由相互关系矩阵 A 可知，$a_{25}=0.374$，由式（3－3）可解出：

$$q_{25}=a_{25}\times q_5=0.374\times 0.3=0.112$$

可知节点 5 遭受的自然灾害间接造成节点 2 的不可运作性为 0.112，即节点 2 执行其计划物流服务功能有 11.2% 的非实现率，意味着节点 5 遭受的自然灾害造成的影响会传递到节点 2，节点 2 的正常运作就会受到影响。节点 5 的物流能力减少了 300 单位，对节点 2 的直接影响为物流服务能力减少了，带来的供给相对于计划水平的减少比率 c_2 为：

$$c_2=\frac{300}{4\ 000}=0.075$$

由式（3－4）可知，节点 2 的不可运作性为：

$$q_2=q_{25}+c_2=0.112+0.075=0.187$$

由于节点 2 以及节点 4 均没有冗余的物流能力，物流能力供给降低带来的影响，继续沿着物流能力供需的路线传递至节点 1，带来的供给相对于计划水平的减少比率 c_1 为：

$$c_1=\frac{300}{10\ 000}=0.03$$

由相互关系矩阵 A 可知，$a_{12}=0.568$，由式（3－3）可解出：

$$q_{12}=a_{12}\times q_2=0.568\times 0.187=0.106$$

由式（3－4）可知，节点 1 的不可运作性为：

$$q_1=q_{12}+c_1=0.106+0.03=0.136$$

在所有节点没有冗余物流能力的情况下，当节点 5 遭受自然灾害的冲击造成物流供给能力降低的情况下，不可靠性就会沿着物流能力供需路线传递，由节点 5 到节点 2 再到节点 1，最后，无法完成物流顾客的物流需求，可靠性降低，传递路径具体见图3－9。

从图3－9可以看出，只要有一个节点遭受外界冲击造成物流供给能力下降，就必然会沿着一定物流能力供需路线传递到物流服务集成商，最终造成物流顾客的物流需求无法全部满足，可靠性下降。随着传递的路径越来越长，不可运作性越来越小，意味着自然灾害造成的影响就越来越小，这也符合实际情况。各节点没有冗余物流能力，若物流服务供应链中某些节点有冗余物流能力，那么，下面分析这个系统某个节点遭受外界的冲击，其不可靠性是如何传递的。

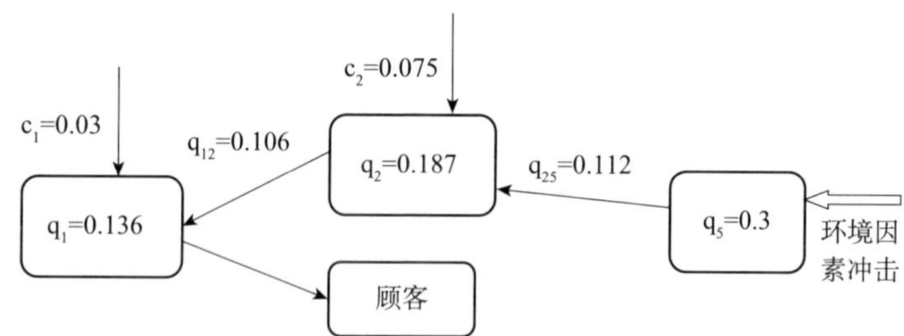

图3－9　故障从节点5到节点2、节点1之间的转化和传递示意

资料来源：笔者根据计算结果绘制而得。

3. 不可靠性的传递途径（有冗余物流能力）

同上，顾客的物流需求不变，只是假设某些节点有冗余的物流能力。比如，节点6的物流能力供需数据600（1 000）表示物流能力需求订单为600单位，自身能供应的物流要素能力为1 000单位，意味着该企业冗余的物流能力为400单位；其余节点的物流能力供需不变。该物流服务供应链的拓扑结构，见图3－10。

节点5遭受的自然灾害导致其物流供应能力下降30%，即$c_5 = 0.3$，根据节点5遭受的自然灾害造成的不可用程度，其执行物流功能的非实现率 $q_5=0.3$。由相互关系矩阵 A 可知，$a_{25}=0.374$，由式（3-3）可解出：

$$q_{25}=a_{25}\times q_5=0.374\times 0.3=0.112$$

可知，节点 5 遭受的自然灾害间接造成节点 2 的不可运作性为 0.112，即节点 2 执行其计划物流服务功能有 11.2% 的非实现率，意味着节点 5 遭受的自然灾害造成的影响会传递到节点 2，节点 2 的正常运作就会受到影响。由于节点 5 的物流能力减少了 300 单位，对节点 2 的直接影响为物流服务能力减少，带来的供给相对于计划水平的减少比率 c_2 为：

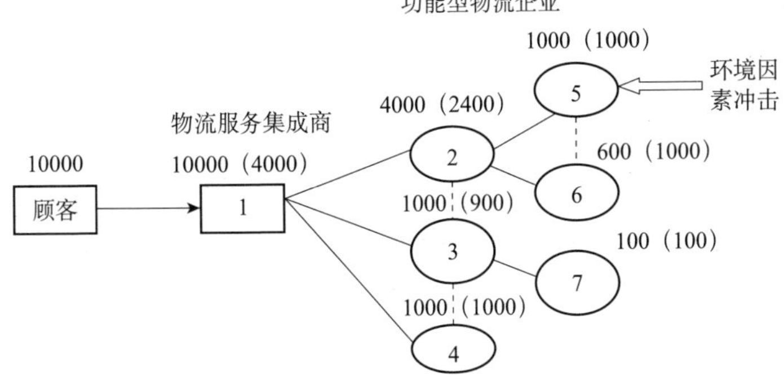

图 3-10　有冗余物流能力的物流服务供应链拓扑结构

资料来源：笔者绘制。

$$c_2=\frac{300}{4\,000}=0.075$$

由式（3-4）可知，节点 2 的不可运作性为：

$$q_2=q_{25}+c_2=0.112+0.075=0.187$$

节点 2 没有冗余的物流能力进行缓冲，但节点 6 有冗余的物流能力，因此，由自然灾害造成的物流供应能力下降以及由节点 5 传递的影响就会继续传递到节点 6。由相互关系矩阵 A 可知，$a_{62}=0.326$，由式（3-3）可知：

$$q_{62} = a_{62} \times q_2 = 0.326 \times 0.187 = 0.061$$

节点 5 遭受的自然灾害间接造成节点 6 的不可运作性为 0.061，即节点 6 执行其计划物流服务功能有 6.1% 的非实现率，意味着节点 5 遭受的自然灾害造成的影响会传递到节点 6，节点 6 的正常运作就会受到影响，其传递示意图，见图 3 – 11。

由图 3 – 9、图 3 – 11 可以看出，它们共同点在于，当物流服务供应链中的某个节点遭受环境带来的冲击，不可靠性沿着物流能力供需路径进行传递。

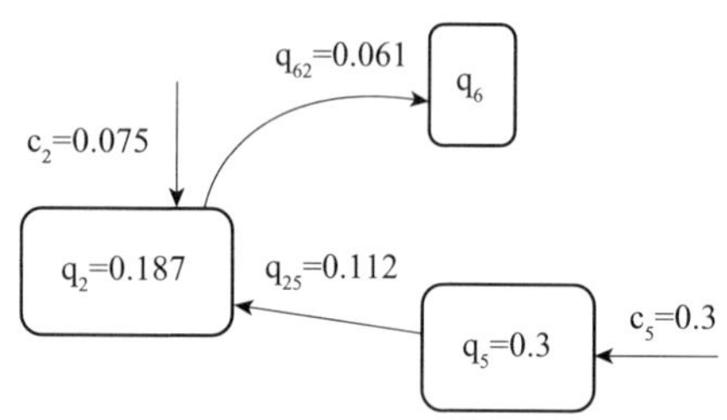

图 3 – 11　故障从节点 5 到节点 2、节点 6 之间的转化和传递示意

资料来源：笔者根据计算结果绘制而得。

由图 3 – 11 可以看出，当节点 5 遭受的自然灾害带来的物流供应能力下降了 30%，其运作不可靠性沿着物流能力供需路线传递到节点 2，由于节点 2 没有冗余的物流能力（相当于产品供应链中的缓冲库存），无法吸收物流运作的不可靠性，致使物流运作不可靠性继续传递。由于节点 6 有冗余的物流能力，因此，运作不可靠性原本向节点 1 传递，就改变方向，向节点 6 继续传递，有冗余物流能力的节点 6 吸收了物流运作的不可靠性，没有向节点 1 传递，使得顾客的物流需求同样得到满足，整个系统的可靠性没有降低。即冗余的物流能力，能提高物流运作的可靠性。但是，冗余的物流能力会带来物流成本的增加，物流利润的下降，物流成本、可靠性、利润之间如何权衡，将在第 4 章进行分析。

3.4.2 内部因素造成的可靠性影响传递

正如前面所分析的，影响物流服务供应链可靠性的内部因素为单个企业的可靠性因素、管理协调因素与系统结构因素。这三个因素中，在一定时期内，物流服务集成商、顾客和物流服务分包商签订合同后，系统结构是相对稳定的。此外，在一定时期内，管理协调的三个层次（战略层、战术层与运作层）中的信息技术、工作人员等是相对稳定的，因此，管理协调因素相对来说较为稳定。对物流服务供应链系统可靠性影响最大的内部因素，就是单个企业的可靠性变化。下面，运用可靠性框图理论分析节点企业可靠性因素的变化是如何传递到客户的，其传递路径、影响大小是怎样的。

若 R 表示物流服务供应链系统整体的可靠度，R_i 表示第 i 个节点企业的可靠度。f(·) 为系统可靠度与节点可靠度的函数关系，这种函数关系与系统结构有关，系统可靠度为：

$$R = f(R_i) \tag{3-13}$$

那么，当第 i 个节点企业的可靠度发生改变，对系统可靠度的影响则为：

$$\Delta R = \frac{\partial R}{\partial R_i} \tag{3-14}$$

某个节点企业的可靠性发生了变化，对系统的可靠性是有影响的，影响大小的计算由式（3-4）可知，传递路径也是沿着物流能力的供需路径进行的。

本小节仍然沿用 3.4.1 小节的案例，与该物流服务供应链拓扑结构相对应的可靠性框图，见图 3-12（a）。为了计算物流服务供应链整体的可靠性，可以将图 3-12 的可靠性框图进行简化，简化后的可靠性框图，见图 3－12（b）、图 3－12（c）、图 3－12（d）。

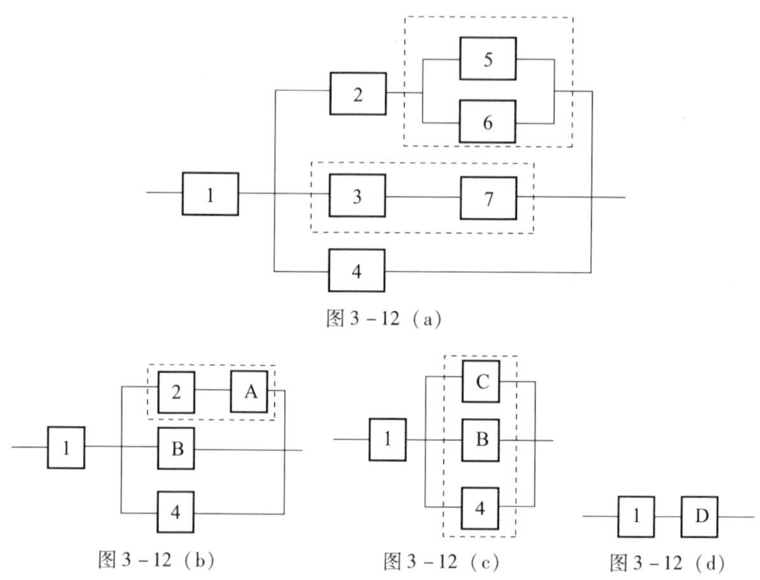

图 3－12（a）

图 3－12（b）　图 3－12（c）　图 3－12（d）

图 3－12　物流服务供应链的可靠性框图

资料来源：笔者绘制。

从可靠性数学基本知识可知，由 n 个部件构成的系统可靠性 R 为：

$$\begin{cases} R_{串联} = \prod_{i=1}^{n} R_i \\ R_{并联} = 1 - \prod_{i=1}^{n} (1 - R_i) \end{cases} \quad (3-15)$$

则由简化后的可靠性框图可以看出，系统整体的可靠性 R 为：

$$R = R_1 \times R_D = R_1 \times [1-(1-R_C)(1-R_B)(1-R_4)]$$
$$= R_1[1-(1-R_2R_A)(1-R_3R_7)(1-R_4)]$$

$$=R_1\{1-[1-R_2(1-(1-R_5)(1-R_6))](1-R_3R_7)(1-R_4)\} \tag{3-16}$$

假设在物流服务供应链中，各节点企业可靠度的参数，如表3－5所示。假设其他节点企业可靠度不变，只考虑单个节点企业可靠度的变化对系统可靠度变化的影响，下面来进行具体分析。

表3－5　各节点企业的可靠度参数

节点企业序号	节点企业地位	节点企业可靠度	节点企业可靠度变化
1	物流服务集成商	0.95	下降10%，为0.855
2	一级物流服务分包商	0.95	下降10%，为0.855
3	一级物流服务分包商	0.95	0.95
4	一级物流服务分包商	0.5	0.95
5	二级物流服务分包商	0.95	下降10%，为0.855
6	二级物流服务分包商	0.95	0.95
7	二级物流服务分包商	0.95	0.95

当所有节点企业的可靠度均为0.95时，代入式（3－16），可计算出系统可靠度R：

$$R=0.9498$$

若其他节点企业可靠度不改变的情况下，只考虑物流服务集成商即节点企业1的可靠度变化，若下降10%，为0.855，代入式（3－16），可计算出系统可靠度R：

$$R=0.8548$$

若其他节点企业可靠度不改变的情况下，只是考虑一级物流服务分包商的可靠度变化，假设节点企业2的可靠度下降10%，为0.855，代入式（3－16），可计算出系统可靠度R：

$$R=0.9493$$

若其他节点企业可靠度不改变的情况下，只考虑二级物流服务分包商的可靠度变化，节点企业 5 的可靠度下降 10%，为 0.855，代入式（3－16）可计算出系统可靠度 R：

$$R = 0.9497$$

将上述计算出的系统可靠度进行比较，比较结果见表 3－6。

表 3－6　节点企业可靠度变化对系统可靠度的影响结果

可靠度变化的节点企业	可靠度变化的节点企业地位	节点企业可靠度变化幅度（%）	系统可靠度变化幅度（%）
1	物流服务集成商	0.95 降为 0.855，下降 10%	0.9498 降为 0.8548，下降 10%
2	一级物流服务分包商	0.95 降为 0.855，下降 10%	0.9498 降为 0.9493，下降 0.52%
5	二级物流服务分包商	0.95 降为 0.855，下降 10%	0.9498 降为 0.9493，下降 0.1%

从表 3－6 中可以看出，在物流服务供应链的结构不变以及其他节点企业可靠度相同的情况下，改变某个节点企业的可靠度对系统整体可靠度的影响是不相同的。这与节点企业在物流服务供应链中的地位有关系，若节点企业为物流服务集成商，其在系统中处于核心企业地位，其可靠度变化对系统整体可靠度变化的影响因子很大。这也表明，在进行可靠性管理中，一定要加强对物流服务集成商的可靠性管理；若节点企业为一级物流服务分包商，在系统中处于非核心企业，其可靠度变化对系统整体可靠度变化的影响因子较小；若节点企业为二级物流服务分包商，在系统中的重要程度不高，其可靠度变化对系统整体可靠度变化的影响因子很小，几乎没有影响。这也是符合实际情况的，随着节点企业重要度的下降，对系统可靠度的影响也越来越小。所有的节

点企业可靠度变化时，对系统可靠度的影响是沿着物流能力供需路径进行传递的。

3.5　本章小结

本章在分析物流服务供应链中最基本的物流业务——物流运输与物流仓储业务流程的基础上，根据人—机—环境基本理论，对影响物流服务供应链可靠性的因素进行了划分，分为人的因素、系统外部因素与系统内部因素。利用经济学中的IIM模型来分析物流服务供应链外部因素的变化对系统可靠性的影响以及其不可靠性的传递路径。得到的结论是，当物流服务供应链中没有冗余物流能力与有冗余物流能力时，不可靠性的传递路径是不同的，冗余的物流能力能吸收物流服务供应链中的不可靠性。此外，利用可靠性框图来分析物流服务供应链中内部影响因素的变化对系统整体可靠性变化的影响，得到的结论是各节点企业可靠度的变化对系统整体可靠性的影响是不相同的，与节点企业在整体中的地位有关系。系统中最重要的是物流服务集成商，其可靠度变化对系统的影响很大，这也表明在可靠性管理中要重点加强对物流服务集成商的管理。

第 4 章

物流服务供应链可靠性优化设计

4.1 引　　言

物流服务供应链可靠性管理需要了解整个供应链的可靠性指标，根据相应的可靠性指标来进行可靠性预计与分配，完成功能型物流企业的选择，最后进行可靠性分析与运营管理工作，达成预期可靠性目标，更好地完成物流服务供应链的功能。在物流服务供应链可靠性管理的首要环节就是可靠性的设计，它决定了物流服务供应链的固有可靠性。根据物流服务供应链可靠性的特点，物流服务供应链可靠性设计流程，如图 4 – 1 所示。

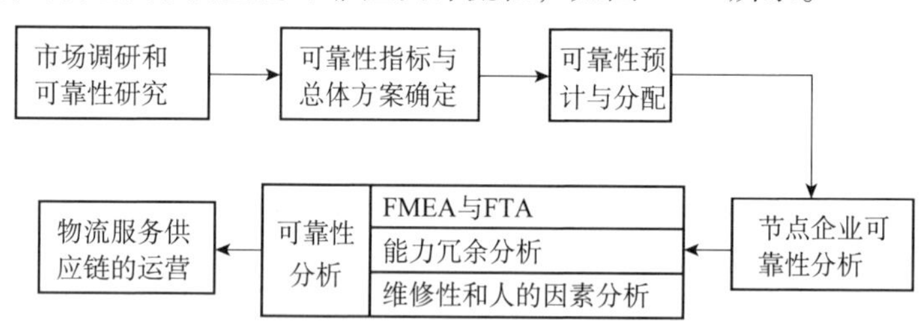

图 4 – 1　物流服务供应链可靠性设计的流程

资料来源：笔者根据可靠性理论整理绘制而得。

根据图4-1可以看出，物流服务供应链可靠性设计首要解决的是如何确定恰当的可靠性指标，以及最重要的问题是如何对整个物流服务供应链进行可靠性分析，这也是本章要详细分析的具体问题。

4.2 物流服务供应链的成本与可靠度关系

如何确定恰当的物流服务供应链可靠性指标是物流服务供应链可靠性管理中比较困难的问题。因为可靠性指标过高，物流服务供应链在可靠性活动方面所付出的工作量会很大，导致整个物流服务供应链成本过高，物流服务供应链提供物流服务的价格就随之增高，物流顾客流失，削弱了物流服务供应链的竞争力。若物流服务供应链可靠性指标过低，物流服务供应链提供的物流服务水平过低或者物流服务会遇到更多的服务故障而必须付出更多的维修保养费用，结果可能使总费用更高，同样也会导致物流顾客流失。因此，只有在可靠性与费用之间求得最佳的平衡状态，使得以最佳的费用获得恰当的可靠性，从图4-2中可以看出这种关系。

物流服务供应链是由物流服务集成商与物流服务分包商构成的，物流服务集成商集成物流服务以市场价格提供给物流顾客。比如，某物流服务集成商对物流顾客承诺的货物次日达，物流服务集成商需要准备相应的物流能力来满足物流需求，但由于物流需求是随机的，有可能存在准备好的物流能力不能满足物流能力的概率，超出的部分需求没有得到物流服务集成商预先承诺的物流服务。这时，物流服务供应链的可靠性下降了，物流服务集成商只能通过增加物流能力来提高物流服务的可靠性，但同时会增加物流成本。

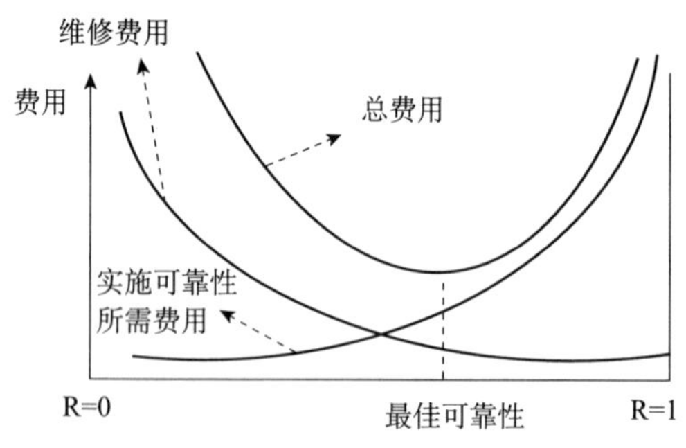

图 4－2　可靠性与费用的关系

资料来源：郭永基．可靠性工程原理［M］．北京：清华大学出版社，2002.

因此，需要对物流服务供应链的物流能力供需关系进行分析。顾客的物流需求是随机的，以 D 表示物流顾客的物流需求，以 r_0 表示物流顾客的可靠度要求，S 表示物流服务供应链的物流能力，S_0 表示物流服务集成商的物流能力。当然，$S > S_0$，p 表示单位物流能力的市场价格。物流服务供应链的供需关系，如图 4－3 所示。

在图 4－3 中，物流顾客为原材料生产企业、制造企业、分销零售企业、工商企业等类型的企业，物流服务集成商是综合性的物流企业，能向物流客户提供集成物流服务，如提供管理、策划、优化、整合、信息系统等多种服务，甚至全方位的“一条龙”服务。

由于 $S > S_0$，物流服务集成商的物流能力不能满足物流顾客的物流需求，此时物流服务集成商就必须选择合适的物流服务分包商，通过物流运作能力集成物流要素能力提供给顾客，而功能型物流企业的要素能力订单的分配则是由物流服务集成商完成的。而物流服务分包商提供的物流业务比较单一，一般只涉及仓储、运输、包装、装卸搬运等物流服务中的一项，提供简单物流业务，只有通过物流服务分包商的供应，物流服务集成商最终才能提供顾客所需的完整的物流服务。在产品可靠性理论中，进行产品设计之前需要进行可靠性的预计分析，同理，在物流服务集成商进行物流服务供应链设计时也需要考虑系统的可靠性水平。本章将物流服务供应链作为整体来考虑其服务的可靠性，不考虑节点企业的结构，分析在图4-3中的物流能力供需关系下如何确定系统的可靠性水平使得系统的利润最大。

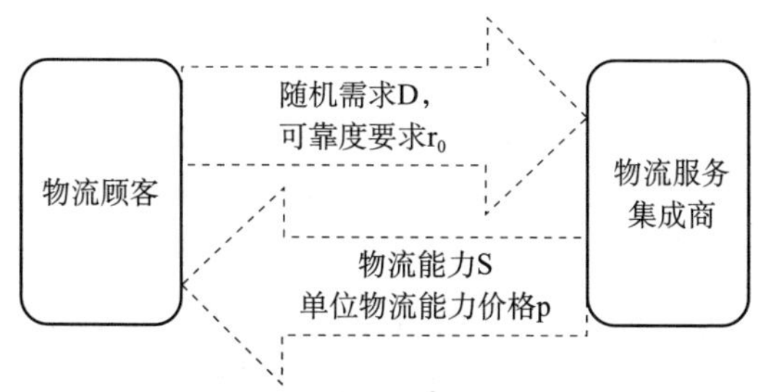

图4-3 物流服务供应链的供需关系

资料来源：笔者绘制。

4.3 物流服务供应链最佳可靠性水平的确定

物流服务集成商是物流服务供应链的核心企业，在进行可靠性设计时需要考虑物流可靠性与成本、物流能力之间的权衡，期望目标是整个物流服务供应链的整体利润最大化。可靠性水平是服务质量的代表维度，可靠性约束条件有助于服务标准的形成，可靠性水平能同时影响服务成本和服务的需求量，[①] 因此，将可

① Boronico J. S. The Application of Reliability Constrained Stochastic Capacity Planning Models to the Service sector [J]. European Journal of Operational Research, 1997 (97): 34-40.

靠性水平作为决策变量。在本章中，物流服务成本是与物流服务能力相关的，预定的物流服务能力较大，成本就较高，可以将物流服务能力作为决策变量。以物流服务集成商的最大利润来代表物流服务供应链的最大利润，然后，物流服务集成商再在功能型物流服务企业之间进行二次分配。由于物流服务供应链提供的物流服务最核心的业务是运输业务，因此，本章以物流服务时间作为物流服务供应链可靠性的测度，物流服务时间达到预先承诺的服务标准的概率为可靠性指标。

比如，某物流服务集成商对物流顾客承诺的货物次日达，物流服务集成商需要准备相应的物流能力来满足物流需求。但由于物流需求是随机的，有可能存在准备好的物流能力不能满足物流需求的概率，超出的部分需求没有得到物流服务集成商预先承诺的物流服务。这时，物流服务供应链的可靠性下降了，物流服务集成商只能通过增加物流能力来提高物流服务的可靠性，但同时会增加物流成本。与此同时，增加的物流服务可靠性会影响物流需求，我们假定增加物流服务的可靠性会相应地增加物流服务需求，[①] 物流需求量的增加，会带来物流收入的增加。也就是说，物流服务可靠性的提高会同时带来物流成本和物流收入的增加，现在的问题是如何确定最佳的可靠性水平使得物流服务集成商的利润最大化。

4.3.1 模型的建立

下面，是建立数学模型的变量列表：

---

① J. ess. , J. Boronico. An Investigation into the Costs and Benefits of Reliability of Service. Omega 1998, 26 (1): 99 - 114.

r 为物流服务的可靠性，代表物流服务的质量高低，$0 \leqslant r \leqslant 1$；

r_0 为物流客户的最低可靠度要求；

y 为物流服务集成商集成的物流能力，$y \geqslant 0$；

p 为物流服务集成商销售给物流顾客的单位物流能力的价格，在一定时间段内是相对稳定的，故作为常数处理；

λ 为拉格朗日乘数；

X(r) 为在物流服务集成商预先承诺的物流服务可靠性 r 下物流的需求量，是可靠性 r 的增函数；

Π(r，y) 为物流服务集成商的利润，为物流收入与物流成本之差；

C(X(r)，r，y) 为在物流服务集成商预先承诺的物流服务可靠性 r 下的物流成本，是物流服务可靠性 r、物流需求 X(r)、物流能力 y 三者的函数；

H(X(r)，r，y) 为物流服务可靠性约束条件，物流能力必须与物流需求量相匹配，从而保证物流服务能得到预先承诺的可靠性水平。

物流服务的需求是随机的，可能出现物流服务能力与物流服务需求不匹配的情况，因此，建立可靠性约束条件的期望利润最大化模型，假定遵从这样的假设条件：

在进行物流能力决策时，没有按时到达目的地的货物量不得超过未达到可靠性要求的物流量，这是可靠性的前提条件，即 $E[(X-y)^+ - (1-r)X] \leqslant 0$，式中，$(X-y)^+$ 表示 $(X-y)^+ = X-y$，当 $X > y$。

物流服务集成商的期望利润为物流收入减去物流成本，因此，我们可以较容易地得到物流服务集成商的期望目标函数式（4-1）：

$$\text{MaxE}\{\prod(r,y)\} = E\{pX(r) - C(X(r),r,y)\} \quad (4-1)$$

为了保证所有的物流需求都能得到物流服务集成商承诺的物流服务可靠性水平，可靠性必须满足期望利润最大化模型的假定条件：

$$E\{H(X(r)),r,y\} \leqslant 0 \quad (4-2)$$

可以将式（4-1）与式（4-2）合并为式（4-3）：

$$\text{MaxE}\{\prod(r,y) \mid H(X(r),r,y) \leqslant 0\} \quad (4-3)$$

在满足物流服务可靠性的约束下，物流能力是不能浪费的，存在一个最佳的物流能力数量，因此，提出定理1。

定理1：在物流能力与物流需求量匹配从而保证满足承诺的物流服务可靠性水平的前提下，使物流成本最小的最佳物流能力 y^* 为：

$$C(X(r),r,y^*) = \underset{y}{\text{MinE}}\{C(X(r),r,y) \mid H(X(r,y),r,y) \leqslant 0\} \quad (4-4)$$

证明：若（r^*，y^*）是式（4-3）的任一解。假设 Y^* 满足式（4-4），另外，假定在 r^* 水平上还存在其他 $\hat{Y}$ 满足式（4-2）的情况下，同时满足 $E\{C(r^*, \hat{Y})\} < E\{C(r^*, Y^*)\}$。由于物流需求量 X（r）是 r 的函数，不是 y 的函数，因此，（r^*，Y^*）的收入 $pX(r^*)$ 与（r^*，$\hat{Y}$）的收入 $pX(r^*)$ 相同，则 $\prod(r^*, \hat{Y}) > \prod(r^*, Y^*)$。也就是说，（$r^*$，$Y^*$）产生的利润小于（$r^*$，$\hat{Y}$）产生的利润，那么，（$r^*$，$Y^*$）不满足式（4-3），这与假设矛盾，证毕。

定理1表明，物流能力只要达到预先承诺的物流服务可靠性水平即可，不需要更多浪费的冗余物流能力，因为存在冗余的物流能力，物流成本就会增加。

定理 2：满足式（4－3）的最佳可靠性水平 r^* 具有如下特征：

$$E\left(p\frac{\partial X}{\partial r}\right)=E\left\{\left(\frac{\partial C}{\partial X}+\lambda\frac{\partial H}{\partial X}\right)\frac{\partial X}{\partial r}+\frac{\partial C}{\partial r}+\lambda\frac{\partial H}{\partial r}\right\} \tag{4-5}$$

证明：由式（4－3）可得，拉格朗日算子为 $L(r, y, \lambda)=E\{\Pi(r, y)+\lambda E\{H(X(r), r, y)\}\}$，由库恩－塔克尔（Kuhn-Tucker）条件可知，式（4－3）可由 $L(r, y, \lambda)$ 决定，可靠性 r 的最优值可令偏导数 $\partial L/\partial r=0$，即：

$$\frac{\partial L}{\partial r}=E\left\{\frac{\partial pX(r)-[C(X(r),r,y)+\lambda H(X(r),r,y)]}{\partial r}\right\}=0$$

则得到：$E\left\{p\frac{\partial X}{\partial r}-\left\{\frac{\partial C\partial X}{\partial X\partial r}\times\frac{\partial C}{\partial r}+\lambda\left(\frac{\partial H\partial X}{\partial X\partial r}+\frac{\partial H}{\partial r}\right)\right\}\right\}=0$

则 $E\left(p\frac{\partial X}{\partial r}\right)=E\left\{\left(\frac{\partial C}{\partial X}+\lambda\frac{\partial H}{\partial X}\right)\frac{\partial X}{\partial r}+\frac{\partial C}{\partial r}+\lambda\frac{\partial H}{\partial r}\right\}$，证毕。

式（4－5）的左边表示增加可靠性带来的边际效益，式（4－5）的右边表示增加可靠性带来的边际成本。式（4－5）表示，当可靠性增加带来的边际效益等于边际成本时，可靠性水平为最佳的可靠性水平，此时，物流服务集成商的利润最大化。

由定理 1 和定理 2 可知，物流服务可靠性水平与需求量、物流成本之间的关系。同时，也知道只有当增加可靠性带来的边际收益与边际成本相等，企业利润最大化，即知道了最佳的物流服务可靠性水平。

令 r^* 为等式（4－5）的最优解，令 r^* 与物流顾客的最低可靠性要求 r_0 进行比较，物流服务供应链的最优化可靠性水平为：

$$r_{最优}=\max(r^*, r_0) \tag{4-6}$$

对式（4－6）的解释为，当 $r^*>r_0$，表明物流服务供应链利润最大化的可靠性水平同时满足顾客需求，最优可靠性水平就取 r^*；当 $r^*<r_0$，表明物流服务供应链利润最大化的可靠性水平不

能满足顾客需求，此时，就需物流服务集成商加强与顾客的交流沟通，合理安排物流能力，在适当增加运费的基础上满足客户需求，可靠性水平取 r_0。

4.3.2 最佳可靠性水平确定的算例

假设物流服务集成商为一个主营业务是运输业务的物流企业，物流服务需求是随机的。物流服务集成商运输业务的市场价格是 p，承诺的物流服务可靠性水平是 r，期望利润是 π。物流服务需求量 X(r) 是物流服务可靠性水平的函数。为了达到承诺的可靠性水平，物流服务集成商的物流能力 y 在时间窗内必须满足物流服务需求量，按时完成运输业务。此时，物流服务集成商完成单位运输业务的成本为 b_1，若没有按时完成物流业务会有相应的惩罚，表现为物流成本增加，此时，完成单位运输业务的成本为 b_2，所以，$b_2 > b_1$。由于需求是随机的，若需求超过了物流服务集成商的物流能力，那么，需求超过物流能力的数量不得大于没有按时到达目的地的物流量，比例不得超过承诺的不可靠性水平。当然，可靠性约束条件就是要保证物流服务能力同时还要保证物流需求得到承诺的可靠性水平。则物流服务集成商的可靠性约束的利润模型如下：

$$\text{Max}: E\{\Pi(X(r), r, y)\} = E\{pX(r) - C(X(r), y, r)\} \tag{4-7a}$$

$$\text{s.t.}\ \ E\{(X-y)^{+} - (1-r)E(X)\} \leqslant 0 \tag{4-7b}$$

$$C(X(r), y, r) = b_1 y + b_2\,(X-y)^{+} \tag{4-7c}$$

(4-7)

在式（4-7）中，$(X-y)^{+} = (X-y)$，如果 $X > y$。由于承诺的可靠性水平为 r，因此，物流需求 X 超过物流能力 y 的那部分需求量为$(X-y)^+$，其比例不能超过（1－r）的百分比。

4.3.2.1　当需求函数为指数需求时

为了更好地理解可靠性水平是如何影响物流服务需求的，本章假定需求函数为指数分布（Bolton and Lee H.）。当然，也可以考虑需求函数为其他函数，如线性函数。若需求函数是指数函数，则：

$$\mu_{X(r)}=E(X(r))=\alpha e^{-\beta(1-r)} \tag{4-8}$$

指数累计分布函数为：

$$F(X)=1-e^{-\frac{X}{\mu_X}} \tag{4-9}$$

定理 3：式（4－5）的可靠性约束利润模型的最优解 y^*，r^* 为：

$$y^*=E(X(r))\ln\frac{b_2}{b_1},r^*=0,\forall p<b_1(1+\ln\frac{b_2}{b_1}) \tag{4-10}$$

否则：

$$y^*=E(X(r))\ln(1-r)^{-1} \tag{4-11}$$

可靠性最优解 r^* 为：

$$p\beta-b_2(1-r)\beta-\frac{b_1}{1-r}+b_2-b_1\beta\ln(1-r)^{-1}=0 \tag{4-12}$$

证明：由于物流服务的需求假定为指数函数，因此，物流服务的平均需求量为：

$$E(X)=\mu_{X(r)}=\alpha e^{-\beta(1-r)} \tag{4-12a}$$

根据式（4－9）的累计指数分布函数，可以将式（4－12a）写为：

$$E(X-y)^+=E(X)e^{\frac{-y}{E(X)}} \tag{4-12b}$$

若不考虑约束条件式（4－6b），仅考虑目标函数式（4－6a），求导$\partial E(\Pi)/\partial y$，求出：

$$y^* = E(X)\ln\frac{b_2}{b_1} \tag{4-12c}$$

此时得到的式（4－12c）即为式（4－9），由于$\partial E(\Pi)/\partial r < 0$，$\forall p < b_1(1+\ln(b_2/b_1))$，因此，将$r^* = 0$，否则，$\partial E(\Pi)/\partial r > 0$，$\forall p > b_1(1+\ln(b_2/b_1))$，此时表明利润$\Pi$随着可靠性r的增加而增加。由于式（4－12c）是无约束解，若要满足利润模型的约束条件式（4－7b），则需要满足$r \leqslant 1 - b_1/b_2$，此时，可靠性约束条件式（4－7b）才起到作用。

同时，考虑式（4－7a）、式（4－7b），将利润模型做拉格朗日变换，得到：

$$L\{X(r),r,y,\lambda\} = E\{pX(r) - C(X(r),y,r) - \lambda[(X-y)^+ - (1-r)(X)]\} \tag{4-12d}$$

利用式（4－7c）、式（4－12a）、式（4－12b）以及$\partial E(X)/\partial r = \beta E(X)$，对式（4－12d）分别求偏导数并等于0：

$$\frac{\partial L}{\partial r} = \beta E(X)\{p + \lambda(1-r)\} - \lambda E(X) - (b_2+\lambda)e^{\frac{-y}{E(X)}}\{[y/E(X)+1]\} = 0 \tag{4-12e}$$

$$\frac{\partial L}{\partial y} = -b_1 + (b_2+\lambda)e^{\frac{-y}{E(X)}} = 0 \tag{4-12f}$$

$$\frac{\partial L}{\partial \lambda} = E(X)\{e^{\frac{-y}{E(X)}} - (1-r)\} = 0 \tag{4-12g}$$

式（4－11）可以从式（4－12g）直接得到。由式（4－12f）可以得到：

$$\lambda = \frac{b_1}{1-r} - b_2 \tag{4-12h}$$

由式（4－12a）、式（4－12b）、式（4－12h）与式（4－10）代入式（4－12f），经过简单计算可以得到式（4－12），证毕。

从式（4-10）中可以看出，若物流服务的市场价格很低时，物流服务可靠性的最优设置为零，表明若要增加物流服务的可靠性只能增加成本，从而减少整个物流服务供应链的利润。若物流服务的市场价格能覆盖物流服务可靠性付出的成本时，就可以运用式（4-11）与式（4-12）。

下面，举一个例子来说明。假设正常的成本 $b_1=1$ 元/单位物流能力，惩罚性成本 $b_2=2$ 元/单位物流能力，售出的物流服务价格 $p=5$ 元/单位物流能力，物流需求系数设置为：$\alpha=1\,000$，$\beta=2.0$，物流顾客的可靠度要求 $r_0=0.85$，将这些值代入式（4-10）和式（4-11），可以求出最佳可靠性水平和最佳的物流能力分别为：

$$r^*=0.87,\ y^*=11\,624$$

物流服务供应链系统最优的可靠性水平为：

$$r_{最优}=\max(r^*,\ r_0)=0.87;$$

同时，将这些值代入式（4-8），求出平均的物流需求量为：$E(X)=5\,697$；

将这些值代入式（4-7），求出最大的利润为：$\mathrm{Max}\,\Pi=15\,382$ 元。

从计算结果可以看出，物流服务集成商在正常的时间窗内准备 11 624 单位物流能力，目的是满足预期的客户需求水平 5 697 单位物流能力，这样才能满足 $r=0.87$ 可靠性水平的约束条件，这也意味着客户的需求 87% 能达到物流服务集成商承诺的物流要求。

4.3.2.2　当需求函数为线性函数时

前面的分析是基于物流需求函数是指数函数的，为了更清楚地分析需求函数对物流服务供应链利润的影响，现在假设物流需求函数是线性需求，其函数如式（4－13）所示。

$$\mu_{X(r)} = E(X(r)) = \gamma + \varepsilon r \tag{4-13}$$

λ 与 ε 的值可以取为：$\gamma = \alpha$。

将线性需求函数代入式（4－11），在线性需求下的最佳可靠性水平变为式（4－14）：

$$p\varepsilon + b_2(\gamma + 2\varepsilon r - \varepsilon) - b_1\left\{\frac{\gamma + \varepsilon r}{1 - r} + \varepsilon \ln(1 - r)^{-1}\right\} = 0 \tag{4-14}$$

同样地，假定如下参数：

$\gamma = \alpha = 1\ 000$，$\varepsilon = \alpha(e^{\beta} - 1) = 6\ 390$，正常的成本 $b_1 = 1$ 元/单位物流能力，惩罚性成本 $b_2 = 2$ 元/单位物流能力，售出的物流服务价格 $p = 5$ 元/单位物流能力，物流顾客的可靠度要求 $r_0 = 0.85$，从式（4－14）与式（4－11）可以求出最佳的可靠性水平与物流能力分别为：

$$r^* = 0.80, y^* = 9\ 836$$

物流服务供应链系统最优的可靠性水平为：

$$r_{最优} = \max(r^*, r_0) = 0.85$$

代入式（4－14），求出平均物流需求量为：$E(X) = 6\ 111$；

将上述这些值代入式（4－6）求出最大的利润为：$\text{Max}\prod = 18\ 276$ 元。

结果表明，若物流需求是线性需求的情况下，可靠性水平下降，物流需求反而上升。这是由于在线性需求函数下，需求与可靠性的关系函数如式（4－13）所示，而在指数需求函数下，需求与可靠性的关系函数如式（4－8）所示。在同样的参数下，式（4－13）的计算结果会大于式（4－8）的计算结果。在线性需求下，需求增加了，则物流服务的收入就增加了，而最佳可靠性水平下降了，则物流成本下降，因此，利润也就增加了。

从前面分析可以看出，基于可靠性约束条件的利润最大化模型可以求出物流服务供应链的最佳可靠性水平。结果表明，只有当增加物流服务可靠性的边际收益等于边际成本时，整个物流服务供应链的整体利润最大，但不同的物流需求函数会影响利润的最终结果。

4.4　本章小结

物流服务供应链为顾客提供一体化的物流服务，可靠性是服务质量的一个测量维度。如何设计可靠性水平既能满足顾客的需求，同时又使供应链系统的利润最大化，是物流服务供应链管理者关心的一个重要问题。本章建立了基于可靠性约束条件的利润最大化模型，进而求出最佳可靠度水平，为物流服务供应链的设计提供了理论基础。

第5章

物流服务供应链可靠性分析

物流服务供应链在提供物流服务的过程中，可能会出现物流服务故障的问题，需要分析物流服务的故障表现形式，进而对物流服务供应链进行可靠性分析，为物流服务供应链进行可靠性管理提供决策支持。

5.1 故障树基本理论

由第2章中物流服务故障的基本理论可知，当物流服务供应链提供的物流服务不能满足客户预定的功能，我们就认为物流服务出现了故障或部分故障。

5.1.1 故障树分析中常用的符号

故障树分析法（fault tree analysis，FTA）是1961由美国贝尔实验室提出的分析复杂系统可靠性的一种有力工具，其主要思想是找出造成系统故障的各种可能原因，反映了由于元部件或人为失误等事件引起顶事件发生的逻辑关系，是一种图形演绎方法，在系统设计、管理、维修等各方人员之间建立起一个便捷的沟通界面，以利于系统薄弱环节的发现，从而改进设计，提高系统可靠性。

故障树分析中常用的符号介绍，见表5-1。

表5-1　故障树的常用符号

事件及其符号		逻辑门及其符号	
顶事件或中间事件	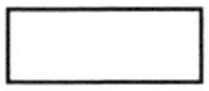	与门	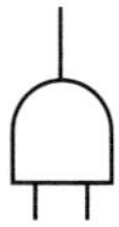
基本事件		或门	
未展开事件		异或门	
房形事件	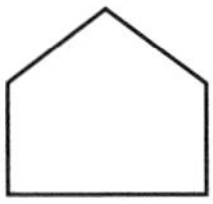	优先与门	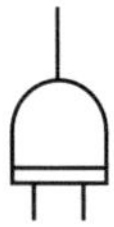

资料来源：周经伦，龚时雨，颜兆林．系统安全性分析［M］．长沙：中南大学出版社，2003.

5.1.2　故障事件的定义和分类

为了在建立故障树的过程中不致遗漏导致故障的各种因素，根据故障的性质及原因将故障分为系统级故障和部件级故障，将故障事件作出这种划分是十分必要的，有助于对物流服务供应链的服务故障进行分析。

1. 系统级故障

系统级故障是指，故障状态仅与系统相联系而不和某一具体部件相联系，或故障状态和某一具体部件相联系，但故障原因肯定不来自该部件自身。例如，有一故障事件为“当驾驶员按照要求驾驶运输车辆未能按时到达目的地”，是由于道路交通堵塞而不是由于驾驶员或车辆本身故障引起的，因此，我们将这种故障事件称为系统级故障。

部件级故障是指，故障状态和某一具体部件相联系，并且，故障原因是该部件自身未能按要求发挥功能。

2. 部件级故障模式的分类

一般的部件级故障模式包含下述三种。

（1）需求故障，当要求某部件在某一特定时刻启动、改变状态或执行某一特定功能时，它未能做出正确的响应，这种情况称为需求故障。

（2）运行故障，某个部件正常时处于运行状态或成功启动，但未能连续地运行达到所需要的时间，这种故障称为运行故障。

（3）贮备故障，某些系统或部件正常情况下处于贮备状态，在需要时才投入在线运行，但在贮备期间也以某种故障率发生故障，当其被要求投入在线运行时不能投入，则称为贮备故障。贮备故障一般与环境因素和贮备时间有关，温度、湿度常常是必须考虑的主要因素。

3. 部件级故障事件的进一步分解

在建造故障树时，部件级故障事件与部件的某一故障模式相对应，但并不一定是最基本故障事件，一般可进一步分解为以下三种故障。

（1）一次故障，部件在设计规定条件范围内，因自身原因造成的故障。

（2）二次故障，部件超出设计规定条件范围而造成的故障。

（3）指令故障，部件因收到错误指令而引起的故障，这一故障可能是系统故障或人因故障。

5.1.3 故障树的结构函数

假设一个系统S由r个部件组成，故障树的顶事件为系统故障，记为T，各部件故障为底事件。在此，只考虑两状态故障树，即系统的状态或各部件的状态为正常或故障两种，用变量x_i来描述底事件的状态，于是有：

$$x_i = \begin{cases} 1, \text{当底事件 i 发生时；} \\ 0, \text{当底事件 i 不发生时。} \end{cases} \tag{5-1}$$

由于顶事件的状态是底事件状态的函数，如用$\Phi(X) = \Phi(x_1, x_2, \cdots, x_r)$描述顶事件的状态，则有：

$$\Phi(X) = \begin{cases} 1, \text{当顶事件 T 发生时；} \\ 0, \text{当顶事件 T 不发生时。} \end{cases} \tag{5-2}$$

$\Phi(X)$称为故障树的结构函数，或称为系统的故障结构函数。事件发生对应故障状态，事件不发生对应正常状态。

5.1.4 结构重要度和概率重要度

结构重要度，是从故障树结构上分析各基本事件对顶事件发生的贡献。设某故障树有n个基本事件，每个基本事件都有发生（记为$x_i = 1$）和不发生（记为$x_i = 0$）两种状态。

对一个具有n个基本事件的故障树，它的结构函数$\Phi(X)$是一个具有n个变量的布尔函数式，定义域为2^n个n元值组。

将变元（基本事件）x_i 由 0 变为 1，引起的 2^n 个 n 元值组中由 $\Phi(0_i, X)=0$ 变为 $\Phi(1_i, X)=1$ 的状态数累加起来，乘以一个权重系数$\frac{1}{2^{n-1}}$，就称为 x_i 的结构重要度，用 $I_\Phi(i)$ 表示：

$$I_\Phi(i) = \frac{1}{2^{n-1}}\sum[\Phi(1_i,X) - \Phi(0_i,X)] \tag{5-3}$$

概率重要度，是各基本事件发生概率的增减程度对顶事件发生概率增减的影响尺度。记为 $I_g(i)$，其数学定义为：

$$I_g(i) = \frac{\partial g(q)}{\partial q_i} \tag{5-4}$$

在式（5-4）中，q_i 是底事件发生的概率：$q_i = P_r\{x_i = 1\} = E\{x_i\}$，$i=1, 2, \cdots, n$，g 是顶事件发生的概率，则：

$$g = g(q), q = (q_1, q_2, \cdots, q_n) \tag{5-5}$$

根据式（5-5）求出各基本事件的概率重要度后，就可以了解哪个基本事件的发生概率对于降低顶事件发生的概率更为重要。在故障树结构已知的情况下，设 $H(x) = \{x_i\}$ 和 $H(\bar{x}) = \{\bar{x}_i\}$，使用减支法，得到两种不同的底事件状态，记为 $f_1 = f|_{x_i=1}$ 和 $f_0 = f|_{x_i=0}$。对两种不同底事件状态分别求故障树的发生概率，记为 $p_{s(f_1)}$ 和 $p_{s(f_0)}$，则系统的概率重要度为 $I_g(i) = p_{s(f_1)} - p_{s(f_0)}$。

5.2 基于故障树的物流服务供应链的物流服务故障分析

物流服务供应链是由物流服务集成商集成功能型物流服务企业的物流资源为物流客户提供一体化的物流服务。对物流客户而言，若物流服务供应链提供的物流服务没有满足其物流需求，物流服务故障就产生了。在物流服务供应链运行过程中，由于检测检验人员、设备和信息系统的支持，物流服务故障可以在一定时间内修复，从而消除损失或降低损失，达到正常物流服务的目的。

5.2.1　物流服务供应链故障树

我们可以根据影响物流服务供应链提供正常物流服务的因素，结合图3－1和图3－4，绘制物流服务供应链故障模块图，如图5－1所示。

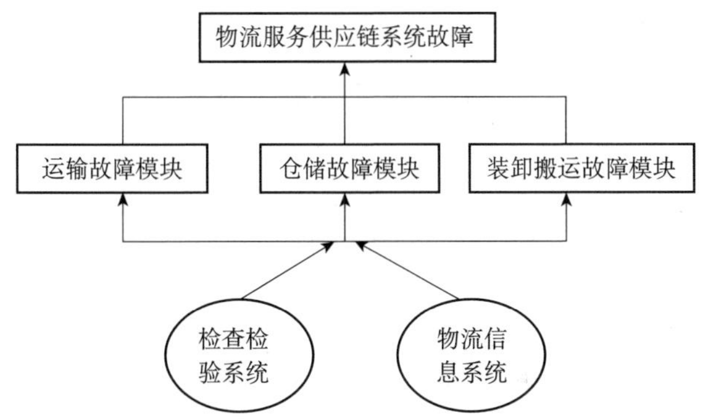

图5－1　物流服务供应链物流服务故障模块

资料来源：笔者绘制。

针对图5－1中的物流服务供应链系统各个故障模块发生故障的基本事件，即导致模块故障产生的因素主要有，人员操作不当、设备设施故障、检测检验不到位、信息获得及反馈不及时等。各个故障的基本事件为X_i，其代表含义见表5－2。

表 5 - 2　　物流服务供应链系统各模块基本事件故障描述

故障模块	事件 X_i	基本事件含义	故障模块	事件 X_i	基本事件含义
运输故障模块 G_1	X_1	驾驶员操作不当	仓储故障模块 G_2	X_1	人员操作不当
	X_2	运输工具故障		X_3	未能有效监测
	X_3	未能提前检测		X_5	信息获取不及时
	X_4	运输的环境变化	装卸搬运故障模块 G_3	X_1	人员操作不当
	X_5	信息掌握不及时		X_3	未能有效检查
	X_6	运输能力不足		X_5	信息获得不及时
	X_9	机械故障		X_7	管理不善
	X_{10}	装卸搬运能力不足		X_8	仓储能力不足

资料来源：笔者根据图 5 - 1 分析整理而得。

研究物流服务供应链系统的可靠性，先从建立系统的故障树开始，确定系统故障树的顶事件为物流客户的货物未能准确、按时交货，记为 T。故障树基本事件 X_i（i = 1，2，…，15），引起物流服务供应链系统故障的各级中间事件 A_i、B_i、C_i，见表 5 - 3。

表 5 - 3　　物流服务供应链系统故障树中间事件的含义

运输故障模块		仓储故障模块	
中间事件	事件含义	中间事件	事件含义
A_1	运输环节故障	A_2	仓储环节故障
B_1	运输途中故障	B_4	仓储货物的货损、货差
B_2	运输过程中未能避免外在因素影响	B_5	货物不能及时存储
B_3	货物不能及时运输	C_2	仓储人为原因风险
C_1	运输前期故障		
装卸搬运故障模块			
中间事件	事件含义		
A_3	装卸搬运环节故障		
B_6	货物装卸搬运出现偏差		
B_7	货物不能及时装卸搬运		
C_3	装卸可控因素故障		

资料来源：笔者根据图 5 - 1 分析整理而得。

根据物流服务供应链的物流服务故障模块图与基本事件、中间事件含义表，可以画出物流服务供应链的故障树，见图 5 - 2。

从图 5 - 2 可以看出，物流服务供应链故障树中的运输故障模块相对于仓储故障模块和装卸搬运故障模块，受运输环境（交通堵塞、天气等）的影响更大，更容易发生运输故障，这也是符合实际情况的。

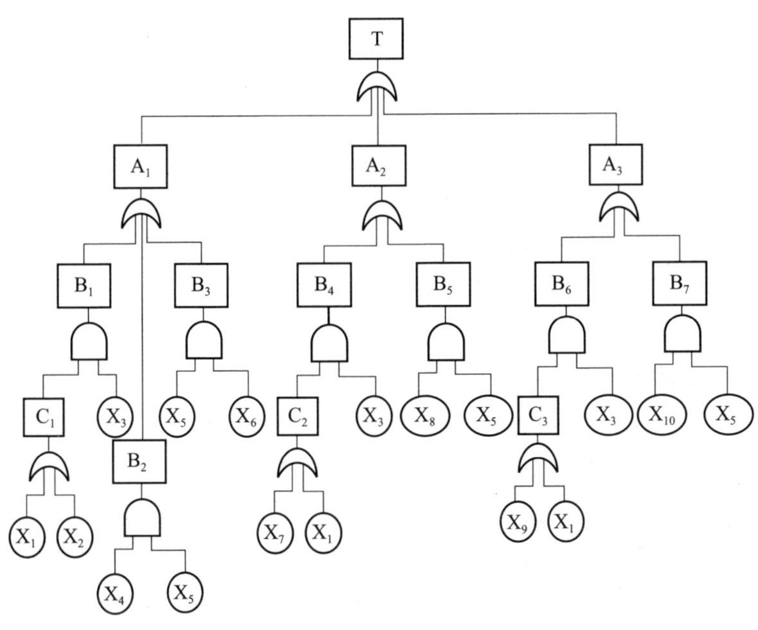

图 5 - 2　物流服务供应链故障树

资料来源：笔者根据故障树方法绘制而得。

5.2.2　物流服务供应链故障树定性分析

最小割集是导致故障树中顶事件发生的最小底事件组合。如果能做到每个最小割集中至少有一个底事件不发生或发生概率很小，则顶事件就不会发生。所以，找出最小割集对降低复杂系统潜在故障或事故的风险具有重要意义。

本节将采用下行法求解图 5－2 的物流服务供应链的最小割集，即从顶事件开始，由上而下逐步将顶事件展开为底事件乘积之和的形式，经过吸收得到全部最小割集。

步骤 1 顶事件 T 下面是或门，将其输入事件 A_1、A_2、A_3，各自排成一行。

步骤 2 事件 A_1 是或门，B_1、B_2、B_3 排在同一行；中间事件 A_2 也是或门，B_4、B_5 排在同一行；中间事件 A_3 也是或门，B_6、B_7 排在同一行。

步骤 3 同理，将物流服务供应链的故障树一级一级展开，直到所有中间事件都被处理。

步骤 4 同理，将物流服务供应链的故障树一级一级展开，直到所有逻辑门的输出事件都已被处理。

步骤 5 进行两两比较，把重复的最小割集 $\{X_1, X_3\}$ 保留一个，其余的删掉，这样就得到故障树的全部最小割集。

上述步骤见表 5－4。

表 5－4　故障数的全部最小割集

步骤 1	步骤 2	步骤 3	步骤 4	步骤 5
T→A_1	B_1	C_1，X_3	X_1，X_3	X_1，X_3
			X_2，X_3	X_2，X_3
	B_2	X_4，X_5		X_4，X_5
	B_3	X_5，X_6		X_5，X_6
A_2	B_4	C_2，X_3	X_7，X_3	X_7，X_3
			X_1，X_3	
	B_5	X_8，X_5		X_8，X_5
A_3	B_6	C_3，X_3	X_9，X_3	X_9，X_3
			X_1，X_3	
	B_7	X_{10}，X_5		X_{10}，X_5

根据最小割集，进而得到物流服务供应链故障树的等效图，见图5-3。

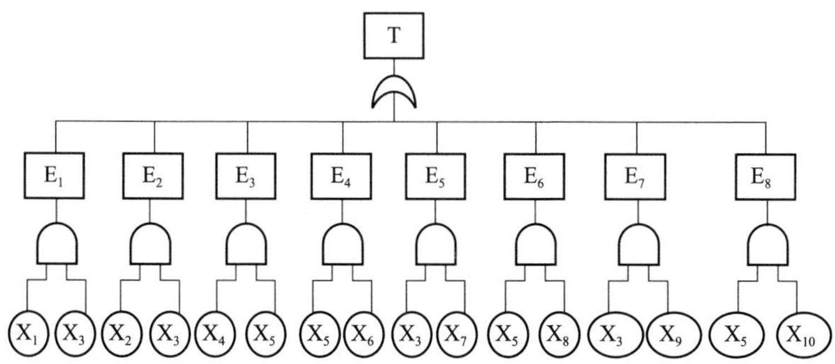

图5-3 物流服务供应链故障树的等效图

资料来源：笔者根据图5-2、表5-4分析整理绘制而得。

这样，就得到系统故障树的最小割集：$\{X_1, X_3\}$，$\{X_2, X_3\}$，$\{X_4, X_5\}$，$\{X_5, X_6\}$，$\{X_3, X_7\}$，$\{X_5, X_8\}$，$\{X_3, X_9\}$，$\{X_5, X_{10}\}$。根据最小割集，将图5-2的物流服务供应链系统故障树简化为如图5-3所示，其中，E_i（i=1，2，…，10）代表最小割集组成的事件。

物流服务供应链的故障树结构函数可以表示为：

$$\phi = (X_1, X_2, X_3, X_4, X_5, X_6, X_7, X_8, X_9, X_{10})$$
$$= X_1X_3 + X_2X_3 + X_4X_5 + X_5X_6 + X_3X_7 + X_5X_8 + X_3X_9 + X_5X_{10}$$

在故障树最小割集中，有四个最小割集（(X_4, X_5)、(X_5, X_6)、(X_5, X_8)、(X_5, X_{10})）的阶数为三，其余四个最小割集的阶数为四。从定性比较来看，四个三阶最小割集的重要性较大，其他四个最小割集的重要性较小。从重要性来看，底事件X_5即获取信息不及时最常见，在三阶的最小割集中出现了四次；底事件X_3即未能有效监测或检查重要性次之，在四阶的最小割集中出现了四次，为此，可以获得如下基本认识。

（1）如果一个物流服务供应链的物流服务出现了故障，没有按时、准确地把客户的货物送到目的地，原因待查，那么，首先，应检查物流信息的传递是否及时、准确；其次，检查是否为管理原因，未能及时、有效检查与监测；最后，再检查其他底事件。这样，故障树定性分析结果可以指导故障诊断，并有助于制订修复方案并确定修复次序。

（2）同样，从上述定性分析结果可以得到重要启示：若要提高物流服务供应链的可靠性，关键在于提高四个三阶最小割集的阶数，加强对物流信息系统的备份并提高其可靠性。之后，加强物流过程的提前检查和监控，也能有效地提高系统的可靠性。

5.2.3 物流服务供应链故障树定量分析

以某物流公司为例，该家公司集成多家功能型物流服务提供商（包括车站、运输公司），为客户提供省内快递业务。根据其统计，2010 年每一百天各基本事件出现故障的次数，得到表 5 -3 中各基本事件故障发生的平均概率 λ_i（i =1，2，…，10）。维修率 μ_i（i =1，2，…，10）代表相应故障获得修复的平均天数的倒数，相应数值见表 5 -5。

表 5 -5　　某公司各基本事件故障率和修复率

基本事件	故障率 λ_i	修复率 μ_i	基本事件	故障率 λ_i	修复率 μ_i
X_1	0.100	0.5	X_2	0.010	0.909
X_3	0.070	0.769	X_4	0.090	0.125
X_5	0.050	0.333	X_6	0.100	0.929
X_7	0.010	0.250	X_8	0.040	0.100
X_9	0.030	0.667	X_{10}	0.050	0.243

资料来源：笔者根据统计数据计算整理而得。

5.2.3.1　故障树顶事件发生概率

故障树定理分析的目的之一，就是在给定基本事件发生概率的情况下，求出顶事件发生的概率，这样，就可以根据所得结果与预定的目标值进行比较。

一般来说，底事件可以在几个最小割集中重复出现。比如，底事件 X_5 出现了4次，底事件 X_3 也重复出现了4次，表明最小割集之间是相交的。因此，若要精确计算顶事件发生概率时，必须用相容事件的概率公式，即容斥定理。但由于本章的故障树底事件有10个，将会产生“组合爆炸”问题。因此，本章采用容斥定理近似算法，即采用容斥定理的前两项，忽略后面各项的值，如式（5-6）所示：

$$Q(T) \approx \sum_{i=1}^{N_k} Q(M_i) - \frac{1}{2}\sum_{i<j=2}^{N_k} Q(M_iM_j) \tag{5-6}$$

由于图5-3的最小割集为 $M_1 = X_1X_3$，$M_2 = X_2X_3$，$M_3 = X_4X_5$，$M_4 = X_5X_6$，$M_5 = X_3X_7$，$M_6 = X_5X_8$，$M_7 = X_3X_9$，$M_8 = X_5X_{10}$，那么，代入式（5-6）：

$$Q(T) \approx \sum_{i=1}^{8} Q(M_i) - \frac{1}{2}\sum_{i<j=2}^{8} Q(M_iM_j) \tag{5-7}$$

将各基本事件的故障率代入式（5-7），先计算前面一项，由EXCEL计算得到：

$$\begin{aligned}\sum_{i=1}^{8} Q(M_i) &= Q(M_1) + Q(M_2) + Q(M_3) + Q(M_4) + Q(M_5)\\ &\quad + Q(M_6) + Q(M_7) + Q(M_8)\\ &= 0.007 + 0.0007 + 0.0045 + 0.005 + 0.0007\\ &\quad + 0.002 + 0.0021 + 0.0025\\ &= 0.0245\end{aligned}$$

计算后面一项，由 EXCEL 计算的过程为：

$$\sum_{i=1,i<j=2}^{8} Q(M_iM_j) = Q(M_1M_2) + Q(M_1M_3) + Q(M_1M_4) + Q(M_1M_5) + Q(M_1M_6) + Q(M_1M_7) + Q(M_1M_8)$$

$$= 0.0000049 + 0.0000315 + 0.000035 + 0.0000049 + 0.000014 + 0.0000147 + 0.0000175$$

$$= 0.0001225$$

$$\sum_{i=2,i<j=2}^{8} Q(M_iM_j) = Q(M_2M_3) + Q(M_2M_4) + Q(M_2M_5) + Q(M_2M_6) + Q(M_2M_7) + Q(M_2M_8)$$

$$= 0.00000315 + 0.0000035 + 0.00000049 + 0.0000014 + 0.00000147 + 0.00000175$$

$$= 0.00001176$$

$$\sum_{i=3,i<j=2}^{8} Q(M_iM_j) = Q(M_3M_4) + Q(M_3M_5) + Q(M_3M_6) + Q(M_3M_7) + Q(M_3M_8)$$

$$= 0.0000225 + 0.00000315 + 0.000009 + 0.00000945 + 0.00001125$$

$$= 0.00005535$$

$$\sum_{i=4,i<j=2}^{8} Q(M_iM_j) = Q(M_4M_5) + Q(M_4M_6) + Q(M_4M_7) + Q(M_4M_8)$$

$$= 0.0000035 + 0.00001 + 0.0000105 + 0.0000125$$

$$= 0.0000365$$

$$\sum_{i=5,i<j=2}^{8} Q(M_iM_j) = Q(M_5M_6) + Q(M_5M_7) + Q(M_5M_8)$$
$$= 0.0000014 + 0.00000147 + 0.00000175$$
$$= 0.00000462$$

$$\sum_{i=6,i<j=2}^{8} Q(M_6M_7) + Q(M_6M_8) = 0.0000042 + 0.000005$$
$$= 0.0000092$$

$$\sum_{i=7,i<j=2}^{8} Q(M_iM_j) = Q(M_7M_8) = 0.00000525$$

$$\frac{1}{2}\sum_{i<j=2}^{8} Q(M_iM_j) = 0.00012259$$

那么，根据式（5－7），则可计算故障树顶事件的近似发生概率为：

$$Q(T) \approx \sum_{i=1}^{8} Q(M_i) - \frac{1}{2}\sum_{i<j=2}^{8} Q(M_iM_j)$$
$$= 0.0245 - 0.00012259 = 0.0243774$$

5.2.3.2　物流服务供应链的概率重要度分析

由式（5－4）可知，若要求得各基本事件的概率重要度，需要利用顶事件发生概率函数，由于底事件有 10 个，计算量较大，本章采用《可靠性工程原理》① 一书的近似算法。下面，是该近似算法的推导：

设某故障树的最小割集为 k_i（i＝1，2，…，m），顶事件与割集的逻辑关系为：$T = k_1 + k_2 + \cdots + k_m$，顶事件的发生概率为 P，割集 k_i 的发生概率为 p_i，p_i =（$1 - \mu_i$）λ_i 由独立事件和的概率与独立事件积的概率计算公式分别得到：

① 郭永基．可靠性工程原理［M］．北京：清华大学出版社，2000．

$$
\begin{aligned}
P(k_1+k_2+\cdots+k_m) &= 1-(1-p_1)(1-p_2)\cdots(1-p_m) \\
&= (p_1+p_2+\cdots+p_m) \\
&\quad -(p_1p_2+p_1p_3+\cdots+p_{m-1}p_m) \\
&\quad +(p_1p_2p_3+\cdots+p_{m-2}p_{m-1}p_m) \\
&\quad -\cdots+(-1)^{m-1}p_1p_2\cdots p_m
\end{aligned}
$$

只取一次项，将其余的二次项、三次项等全部舍弃，则顶事件发生概率近似公式为：

$$P \approx p_1+p_2+\cdots+p_m \tag{5-8}$$

那么，根据物流服务供应链故障树的最小割可以得到：

$$P = p_1p_3+p_2p_3+p_4p_5+p_5p_6+p_3p_7+p_5p_8+p_3p_9+p_5p_{10}$$

根据式（5-4）有：

$$I_{P(1)} = \frac{\partial P}{\partial p_1} = p_3 = 0.01617, \quad I_{P(2)} = \frac{\partial P}{\partial p_2} = p_3 = 0.01617$$

$$I_{P(3)} = \frac{\partial P}{\partial p_3} = p_1+p_2+p_7+p_9 = 0.0684, \quad I_{P(4)} = \frac{\partial P}{\partial p_4} = p_5 = 0.03335$$

$$I_{P(5)} = \frac{\partial P}{\partial p_5} = p_4+p_6+p_8+p_{10} = 0.1597, \quad I_{P(6)} = \frac{\partial P}{\partial p_6} = p_5 = 0.03335$$

$$I_{P(7)} = \frac{\partial P}{\partial p_7} = p_3 = 0.01617, \quad I_{P(8)} = \frac{\partial P}{\partial p_8} = p_5 = 0.03335$$

$$I_{P(9)} = \frac{\partial P}{\partial p_9} = p_3 = 0.01617, \quad I_{P(10)} = \frac{\partial P}{\partial p_{10}} = p_5 = 0.03335$$

按照概率重要度系数的大小，排出物流服务供应链系统各基本事件的概率重要度顺序：

$$I_{P(5)} > I_{P(3)} > I_{P(4,6,8,10)} > I_{P\ (1,2,7,9)}$$

从概率重要度来看，底事件 X_5 与底事件 X_3 的概率重要度较大，那么，降低其发生概率能使顶事件的发生概率迅速降下来，这也是系统进行可靠性管理时要重点加强的底事件。

5.3　基于Markov过程的物流服务供应链可靠性分析

运用故障树对物流服务供应链进行可靠性分析是静态的，物流服务过程是一个动态、连续的过程。由于物流服务过程是一个随机的动态过程，其最终结果存在不同的状态。系统正常，能提供物流服务功能；系统故障，无法提供物流服务功能。从前面分析得知，物流服务供应链出现故障是可以维修的，节点企业通过努力恢复到正常状态或接近正常状态，即这两种状态是可以转换的。因此，可以运用随机过程来分析物流服务供应链的可靠性。

若随机过程在时间 t_n 时，系统的状态仅依赖于 t_{n-1} 时刻的状态，与 t_{n-1} 以前的转移状态及过程无关，此类过程为 Markov 过程。由于各节点企业提供的物流服务能力只与系统当前的状态有关，与系统再远期状态无关，满足 Markov 假设，因此，可以运用 Markov 过程分析物流服务供应链的可靠性，对物流服务供应链可靠性模型给出如下假设。

（1）Markov 过程以固定的转移概率矩阵为根本规律和特征。为了满足这个条件，假设在研究期内不发生较大的运作波动，如没有严重的自然灾害影响，只有物流服务供应链系统内部运作波动，即暂不考虑环境对物流服务供应链的影响，这样就满足转移概率矩阵稳定性的假定。

（2）物流服务供应链的节点企业在物流运作过程中若出现服务故障，节点企业会调动资源进行服务维修。物流服务供应链系统工作到某时刻尚未发生故障，在该时刻后单位时间内发生故障的概率为失效率。发生故障后，系统在规定条件下和规定时间内完成修复，其概率为修复率，描述了系统修复的难易程度。假设节点企业发生服务故障的失效率 λ_i（i=1，2，…，n）、修复率 μ_i（i=1，2，…，n）服从指数分布。

可靠度、可用度是系统的重要可靠性指标，但可用度是将可靠度和修复度结合起来的可靠性指标。可用性是可维修系统在时刻 t 处于正常服务状态的能力，可用性的度量指标一般是瞬时可用度，记为 A（t）。任何一个系统投入运行，多次重复使用维修的过程，在一定条件下，经过长时间以后，其瞬时可用度 A（t）将逐渐趋近于某个与时间无关的常数，为稳态可用度，即 t 趋于∞时，A（t）的极限：$A(\infty) = A = \lim_{t\to\infty} A(t)$。一个好的服务产品，不但要求在单位时间内出现故障的次数少，而且要求在出现故障后，能迅速发现故障加以修复。稳态可用度是可以度量故障修复的能力，因此，在实践中，系统的稳态可用度备受关注。本书将运用 Markov 过程分析物流服务供应链系统的稳态可用度，从而分析系统的可靠性问题。由于物流服务供应链为网络结构，下面，先分析二级结构的物流服务供应链可靠性。

5.3.1 物流服务分包商提供的业务不同

当物流服务分包商提供的业务不同，表明物流服务分包商彼此之间不存在业务竞争时，由第 2 章分析的可靠性框图 2-3 可知，其对应的 Markov 状态转移链，如图 5-4 所示。

那么，定义如下状态：

X（t）$\begin{cases} \text{状态 0：3 节点企业都正常；} \\ \text{状态 i：系统中第 i 节点物流服务失效，} \\ \quad\text{其余节点都正常，i=1，2，3。} \end{cases}$

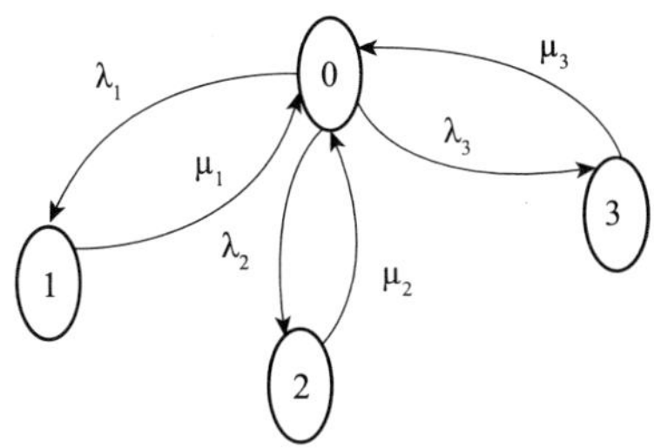

图 5-4　串联结构的 Markov 状态转移链

资料来源：笔者根据图 2-3 分析、绘制而得。

与可靠性框图 3-4 对应的物流服务供应链的 Markov 状态转移链，如图 5-4 所示。

在图 5-4 中，λ_i、μ_i 分别为第 i 节点的服务失效率和服务维修率。在系统所有的状态中，只有在状态 0 系统是正常工作的。系统的转移概率矩阵为：

$$P(\Delta t)=\begin{bmatrix} 1-(\lambda_1+\lambda_2+\lambda_3)\Delta t & \lambda_1\Delta t & \lambda_2\Delta t & \lambda_3\Delta t \\ \mu_1\Delta t & 1-\mu_1\Delta t & 0 & 0 \\ \mu_2\Delta t & 0 & 1-\mu_2\Delta t & 0 \\ \mu_3\Delta t & 0 & 0 & 1-\mu_3\Delta t \end{bmatrix}$$

转移密度矩阵 A 与 P（Δt）的关系为：

$$A=\lim_{\Delta t\to 0}\frac{P(\Delta t)-I}{\Delta t}=\lim_{\Delta t\to 0}\left\{\begin{bmatrix} -(\lambda_1+\lambda_2+\lambda_3)\Delta t & \lambda_1\Delta t & \lambda_2\Delta t & \lambda_3\Delta t \\ \mu_1\Delta t & 1-\mu_1\Delta t & 0 & 0 \\ \mu_2\Delta t & 0 & 1-\mu_2\Delta t & 0 \\ \mu_3\Delta t & 0 & 0 & 1-\mu_3\Delta t \end{bmatrix}\right.$$

$$\left.-\begin{bmatrix} 1 & 0 & 0 & 0 \\ 0 & 1 & 0 & 0 \\ 0 & 0 & 1 & 0 \\ 0 & 0 & 0 & 1 \end{bmatrix}\right\}\frac{1}{\Delta t}=\begin{bmatrix} -(\lambda_1+\lambda_2+\lambda_3) & \lambda_1 & \lambda_2 & \lambda_3 \\ \mu_1 & -\mu_1 & 0 & 0 \\ \mu_2 & 0 & -\mu_2 & 0 \\ \mu_3 & 0 & 0 & -\mu_3 \end{bmatrix}$$

令：

$$P_i(t)=P\{X(t)=i\} \quad i=0,1,2,3$$

同时令：

$$P(t)=[P_0(t)\ P_1(t)P_2(t)P_3(t)] \quad P'(t)=[P_0'(t)\ P_1'(t)P_2'(t)P_3'(t)]$$

则可得微分方程组：

$$P'(t)=P(t)\times A \tag{5-9}$$

本章只需求平稳状态概率，则不必求解上述微分方程组。当 $t\to\infty$ 时，若 p_i（t）存在且趋于与初始值无关的常数，此时，$\frac{dp_i\ (t)}{dt}\to 0$，则式（5－9）可写成：

$$0=PA \tag{5-10}$$

即：

$$[0\quad 0\quad 0\quad 0]=[p_1\quad p_2\quad p_3\quad p_4]\begin{bmatrix} -(\lambda_1+\lambda_2+\lambda_3) & \lambda_1 & \lambda_2 & \lambda_3 \\ \mu_1 & -\mu_1 & 0 & 0 \\ \mu_2 & 0 & -\mu_2 & 0 \\ \mu_3 & 0 & 0 & -\mu_3 \end{bmatrix} \tag{5-11}$$

由式（5－11）得到：

$$\begin{cases} -(\lambda_1+\lambda_2+\lambda_3)p_0+\mu_1 p_1+\mu_2 p_2+\mu_3 p_3=0 \\ p_0\lambda_1-p_1\mu_1=0 \\ p_0\lambda_2-p_2\mu_2=0 \\ P_0\lambda_3-P_3\mu_3=0 \end{cases} \tag{5-12}$$

上述四个方程中只有三个方程是独立的，须再利用下述方程：

$$p_0+p_1+p_2+p_3=1 \tag{5-13}$$

解之，求得：

$$p_0 = \frac{1}{1 + \sum_{i=1}^{3} \frac{\lambda_i}{\mu_i}},\ p_i = \frac{\lambda_i}{\mu_i} \frac{1}{1 + \sum_{i=1}^{3} \frac{\lambda_i}{\mu_i}} \quad (5-14)$$

在所有状态中，只有状态 0 是物流服务正常的，因此，物流服务供应链系统的可用度为：

$$A_{串} = p_0 = \frac{1}{1 + \sum_{i=1}^{3} \frac{\lambda_i}{\mu_i}} \quad (5-15)$$

由《可靠性工程原理》① 一书中状态合并的方法，可以求出物流服务供应链（LSSC）系统串联结构的可靠度为：

$$R_{串}(t) = p_0(t) = e^{-(\lambda_1 + \lambda_2 + \lambda_3)t} \quad (5-16)$$

5.3.2　物流服务分包商提供的业务相同

当物流服务分包商提供的业务相同，表明物流服务分包商彼此之间存在业务竞争，由第 2 章分析的可靠性框图 2－4，分析得到其对应的 Markov 状态转移链，如图 5－5 所示。可以看出，功能型物流服务节点企业是并联结构，与物流服务集成企业串联形成系统的并串联结构。

定义如下状态：

X（t）
- 状态 0：三个节点企业都正常；
- 状态 i：系统中第 i 个节点物流服务失效，其余节点都正常，i＝1，2，3；
- 状态 j：三个节点企业任意两个节点同时物流服务失效。j＝4，5，6，7。

① 郭永基．可靠性工程原理［M］．北京：清华大学出版社，2002．

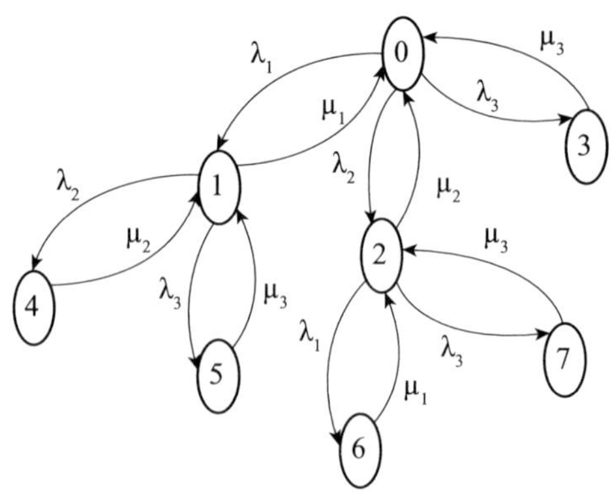

图 5－5　并串联结构的 Markov 状态转移链

资料来源：笔者根据图 2－4 分析绘制而得。

X（t）是一个齐次 Markov 链，正常工作状态空间 E＝{0，1，2}，其 Markov 状态转移链，如图 5－5 所示，在图 5－5 中，λ_i，μ_i 分别为第 i 个节点的服务失效率和服务维修率。

在系统所有的状态中，只有在状态 0、状态 1、状态 2，系统是正常工作的。系统的转移密度矩阵为：

$$A=\begin{bmatrix} -(\lambda_1+\lambda_2+\lambda_3) & \lambda_1 & \lambda_2 & \lambda_3 & 0 & 0 & 0 & 0 \\ \mu_1 & -(\mu_1+\lambda_2+\lambda_3) & 0 & 0 & \lambda_2 & \lambda_3 & 0 & 0 \\ \mu_2 & 0 & -(\mu_2+\lambda_1+\lambda_3) & 0 & 0 & 0 & \lambda_1 & \lambda_3 \\ \mu_3 & 0 & 0 & -\mu_3 & 0 & 0 & 0 & 0 \\ 0 & \mu_2 & 0 & 0 & -\mu_2 & 0 & 0 & 0 \\ 0 & \mu_3 & 0 & 0 & 0 & -\mu_3 & 0 & 0 \\ 0 & 0 & \mu_1 & 0 & 0 & 0 & -\mu_1 & 0 \\ 0 & 0 & \mu_3 & 0 & 0 & 0 & 0 & -\mu_3 \end{bmatrix}$$

求解过程同前，由式（5－10）得到：

$$\begin{bmatrix} -(\lambda_1+\lambda_2+\lambda_3) & \lambda_1 & \lambda_2 & \lambda_3 & 0 & 0 & 0 & 0 \\ \mu_1 & -(\mu_1+\lambda_2+\lambda_3) & 0 & 0 & \lambda_2 & \lambda_3 & 0 & 0 \\ \mu_2 & 0 & -(\mu_2+\lambda_1+\lambda_3) & 0 & 0 & 0 & \lambda_1 & \lambda_3 \\ \mu_3 & 0 & 0 & -\mu_3 & 0 & 0 & 0 & 0 \\ 0 & \mu_2 & 0 & 0 & -\mu_2 & 0 & 0 & 0 \\ 0 & \mu_3 & 0 & 0 & 0 & -\mu_3 & 0 & 0 \\ 0 & 0 & \mu_1 & 0 & 0 & 0 & -\mu_1 & 0 \\ 0 & 0 & \mu_3 & 0 & 0 & 0 & 0 & -\mu_3 \end{bmatrix} \times \begin{bmatrix} p_0 \\ p_1 \\ p_2 \\ p_3 \\ p_4 \\ p_5 \\ p_6 \\ p_7 \end{bmatrix}^T = [0\ 0\ 0\ 0\ 0\ 0\ 0\ 0] \quad (5-17)$$

由式（5-9）得到：

$$-p_0(\lambda_1+\lambda_2+\lambda_3)+\mu_1 p_1+\mu_2 p_2+\mu_3 p_3=0 \quad (5-18a)$$

$$\lambda_0 p_0-(\mu_1+\mu_2+\mu_3)+\mu_2 p_4+\mu_3 p_5=0 \quad (5-18b)$$

$$\lambda_2 p_0-(\mu_2+\lambda_1+\lambda_3)p_2+\mu_1 p_6+\mu_3 p_7=0 \quad (5-18c)$$

$$\lambda_3 p_0-\mu_3 p_3=0 \quad (5-18d)$$

$$\lambda_2 p_1-\mu_3 p_5=0 \quad (5-18e)$$

$$\lambda_3 p_1-\mu_3 p_5=0 \quad (5-18f)$$

$$\lambda_1 p_2-\mu_1 p_6=0 \quad (5-18g)$$

$$\lambda_3 p_2-\mu_3 p_7=0 \quad (5-18h)$$

$$p_0+p_1+p_2+p_3+p_4+p_5+p_6+p_7=1 \quad (5-18i)$$

$$(5-18)$$

解之，求得：

$$p_0=\frac{1}{1+\sum_{i=1}^{3}\frac{\lambda_i}{\mu_i}+\sum_{i=1,j=1,i\neq j}^{3}\frac{\lambda_i}{\mu_i}\times\frac{\lambda_j}{\mu_j}}$$

$$p_1=\frac{1}{1+\sum_{i=1}^{3}\frac{\lambda_i}{\mu_i}+\sum_{i=1,j=1,i\neq j}^{3}\frac{\lambda_i}{\mu_i}\times\frac{\lambda_j}{\mu_j}}\times\frac{\lambda_1}{\mu_1}$$

$$p_2=\frac{1}{1+\sum_{i=1}^{3}\frac{\lambda_i}{\mu_i}+\sum_{i=1,j=1,i\neq j}^{3}\frac{\lambda_i}{\mu_i}\times\frac{\lambda_j}{\mu_j}}\times\frac{\lambda_2}{\mu_2}$$

系统在状态0、状态1、状态2时是正常工作的，所以，系统可用率为：

$$A_{并串} = p_0 + p_1 + p_2 = \frac{1}{1 + \sum_{i=1}^{3} \frac{\lambda_i}{\mu_i} + \sum_{i=1,j=1,i\neq j}^{3} \frac{\lambda_i}{\mu_i} \times \frac{\lambda_j}{\mu_j}} \left(1 + \frac{\lambda_1}{\mu_1} + \frac{\lambda_2}{\mu_2}\right) \tag{5-19}$$

同理，可求出物流服务供应链（LSSC）系统并串联结构的可靠度。

$$R_{并串}(t) = \exp\left(-\left(\frac{(\mu_1 + \mu_2)\lambda_1\lambda_2}{\lambda_1\mu_2 + \lambda_2\mu_1 + \mu_1\mu_2} + \lambda_3\right)t\right) \tag{5-20}$$

5.3.3 算例分析

假定物流服务供应链中各节点企业的失效率与修复率的数值，$\lambda_1 = 0.021$，$\lambda_2 = 0.014$，$\lambda_3 = 0.011$，$\mu_1 = 0.78$，$\mu_2 = 0.84$，$\mu_3 = 0.93$，μ_i 不变，同时改变 λ_i，每次改变 5×10^{-3}，整个系统可用度的变化，如图5-6所示。

从图5-6可以看出，随着物流服务故障率的提高，物流服务供应链系统的稳态可用度会下降，提供物流服务的可靠性也随之降低。系统采用串并联结构，稳态可用度下降要缓慢些，意味着功能型物流服务提供商彼此之间存在业务竞争时，系统提供物流服务的可靠性更优。

假定物流服务供应链中各节点企业的失效率与修复率的数值同前，λ_i 不变，同时改变 μ_i，每次改变 5×10^{-2}，整个系统可用度的变化，如图5-7所示。

从图5-7中可以看出，修复率的提高能增加物流服务供应链（LSSC）系统的稳态可用度。修复率提高意味着各节点企业

反应敏捷，物流服务故障平均恢复时间短，物流服务可用度提高，这是符合实际情况的。但图 5-7 的曲线比较平缓，表明通

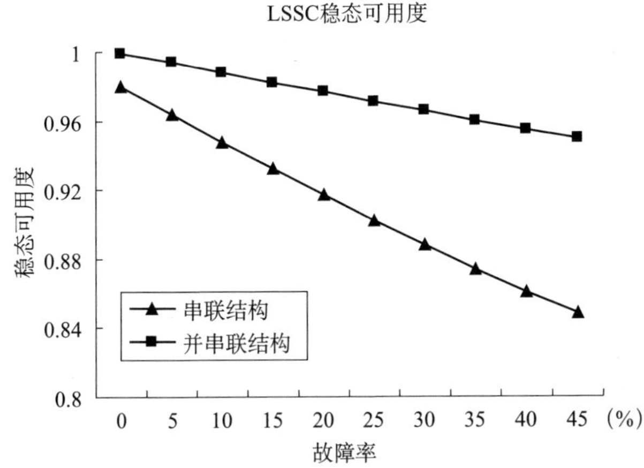

图 5-6　μ_i 不变，λ_i 与系统可用度的关系

资料来源：笔者根据式（5-16）、式（5-20）计算整理绘制而得。

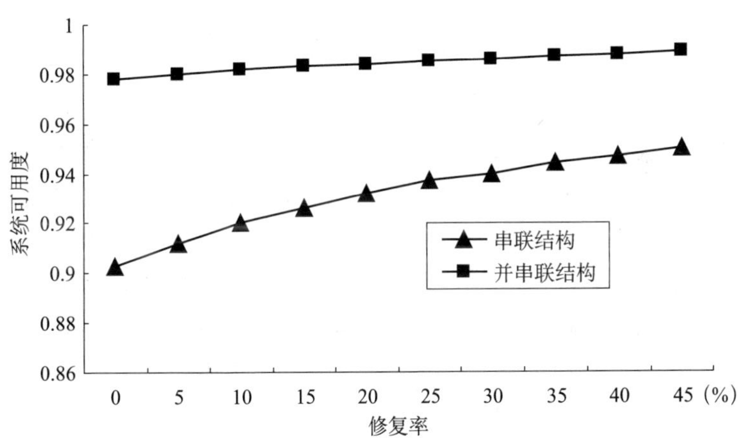

图 5-7　λ_i 不变，μ_i 与系统可用度的关系

资料来源：笔者根据式（5-16）、式（5-20）计算整理绘制而得。

过服务维修提高服务可靠性，其难度较大。

由式（5－16）与式（5－20）计算该物流服务供应链的可靠度：$R_{串}(t)=e^{-0.046t}$，$R_{并串}(t)=e^{-0.044129t}$。运用 Matlab 软件绘制物流服务供应链的可靠度曲线，如图 5－8 所示。

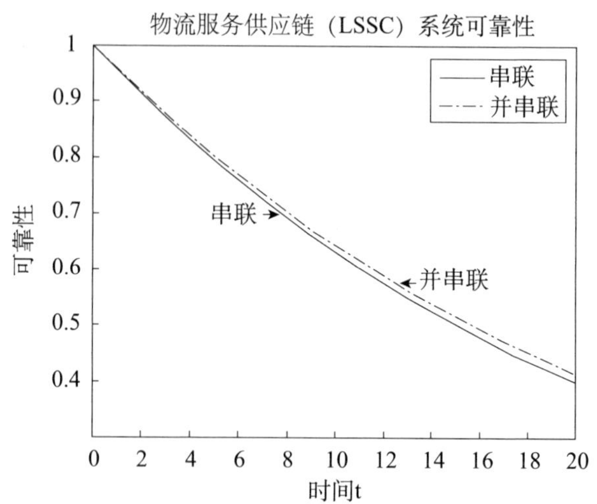

图 5－8　不同结构的物流服务供应链（LSSC）可靠度曲线

资料来源：笔者根据物流服务供应链的可靠度函数绘制而得。

由图 5－8 可以看出，物流服务集成商选择相同的物流服务提供商，并且在各节点企业的物流服务可靠性都相同的情况下，当物流服务提供商彼此之间的业务存在竞争时，物流服务供应链系统在某一稳定时间内发生服务故障更困难，意味着提供给客户的物流服务更稳定、更可靠。同时也表明，提供物流服务功能企业之间的结构，会影响物流服务供应链系统物流服务的可靠性。

5.4 本章小结

物流服务供应链可靠性是物流客户感知物流服务质量的核心，而物流服务故障会影响系统的可靠性。因此，本书在分析物流服务供应链运作的基础上，运用故障树分析法来对系统的物流服务故障表现模式进行识别分析，为系统的可靠性管理提供了决策依据。本书运用 Markov 过程分析物流服务供应链的动态运行过程，建立了系统的可靠性状态转移方程。在此基础上，求出物流服务供应链的可靠度和稳态可用度，并得出结论：系统的结构对其可靠性是有影响的，当功能型物流服务商业务存在竞争时，系统可靠度和稳态可用度更优，各节点企业故障率与修复率同样会影响物流服务的可靠性，节点企业的服务故障较小的波动会带来系统服务较大的波动，通过物流服务维修提高可靠性的难度较大。

第 6 章
物流服务供应链可靠性评价与可靠性管理

可靠性是评价物流服务供应链服务质量的重要指标。物流服务供应链的运营者需要随时掌握获得关于可靠性的更完整、更准确的判断信息，进一步形成对物流服务供应链可靠性的评价结果，从而判断物流服务供应链的管理、运作是否正常。如有失效，则查出导致失效发生的关键因素，从而进行有针对性的可靠性管理。

6.1 物流服务供应链可靠性评价

6.1.1 物流服务供应链可靠性等级划分

物流服务供应链可靠性等级的划分，能够较好地刻画物流服务供应链系统整体可靠性的高低，为物流服务供应链可靠性管理提供有用的可靠性方面的信息，从而在管理中保证物流服务供应链的可靠性。本章根据物流服务供应链的功能和特性，将可靠性评价等级分为四级。[①] 具体分级标准如表6-1所示。

表6-1　物流服务供应链可靠度等级划分及意义

可靠性分级	分级标准	意义
Ⅰ	0.9≤R（t）≤1	可靠度极高，物流服务供应链提供的服务故障概率可以忽略
Ⅱ	0.8≤R（t）<0.9	可靠度高，物流服务供应链提供的物流服务不易出现故障
Ⅲ	0.6≤R（t）<0.8	可靠度中等，物流服务供应链提供的物流服务出现故障概率在50%左右
Ⅳ	0≤R（t）<0.6	可靠度低，物流服务供应链提供的物流服务易于出现故障

注：R（t）表示的是物流服务供应链可靠度。

资料来源：沈祖培，黄祥瑞．GO法原理及应用——一种系统可靠性分析方法［M］．北京：清华大学出版社，2004.

物流服务供应链可靠性评估结果则可以根据物流服务供应链可靠性的等级划分，清楚地知道系统可靠性处于哪一个等级，可靠性水平能否被客户接受，从而采取有针对性的可靠性管理措施，提升物流服务供应链的可靠性。

6.1.2　基于GO法的物流服务供应链可靠性评价

可靠性评价指对现有系统或系统组成部分的可靠性所达到的水平进行分析和确认的过程，那么，物流服务供应链可靠性评价就是对物流服务供应链系统的可靠性所达到的水平进行分析和确认的过程。当系统中的子系统之间存在相互作用，而且系统与环境之间也存在相互作用，我们认为这样的系统为动态系统，而物流服务供应链系统恰是一个任务具有阶段性的、状态随着时间变

① 沈祖培，黄祥瑞．GO法原理及应用——一种系统可靠性分析方法［M］．北京：清华大学出版社，2004.

化的复杂动态系统，而 GO 法是一种以成功为导向的系统可靠性分析或评估技术，对于多状态、有时序的动态系统更为适用。因此，本书将运用 GO 法来对物流服务供应链系统进行可靠性评估。

6.1.2.1 GO 法简介

1967 年，为了分析美国军方的武器系统和导弹系统的可靠性，卡曼（Kaman）公司开发了 GO 法，到 80 年代，美国电力研究所资助对于 GO 法的理论研究和应用研究，使该方法得到了比较广泛的应用。GO 法的基本思想是，把系统原理图或流程图直接按照一定的规则绘制成 GO 图，然后进行 GO 运算，从而对系统进行可靠性分析或可靠性评估。到了 80 年代后期，日本的两位学者在 GO 法的基础上，开发了信号流（GO-FLOW）方法，GO 法已经成为可靠性分析的一种强有力的工具。

6.1.2.2 物流服务供应链流程图

由于 GO 图是基于流程图进行分析的，因此，本书将对物流服务供应链的流程进行分析。据第 5 章的分析可知，当功能型物流服务企业提供的服务存在竞争时，物流服务可靠性较优。因此，本章仍然考虑数量功能型物流服务企业数量为 2 的情况。在不失一般性前提下，物流服务供应链提供的物流服务包括物流服务主要项目，具体为仓储、装卸搬运、运输等。为了完成物流客户的需求，物流服务集成商集成了 2 个物流仓储服务商的仓储服务能力、2 个运输服务商的运输服务能力以及 2 个配送服务商的配送服务能力，其物流服务供应链结构，如图 6－1 所示。

物流服务供应链为客户提供一体化的物流服务，具体有物流仓储、运输、配送等主要物流服务项目，其物流服务流程图，如图 6－2 所示。

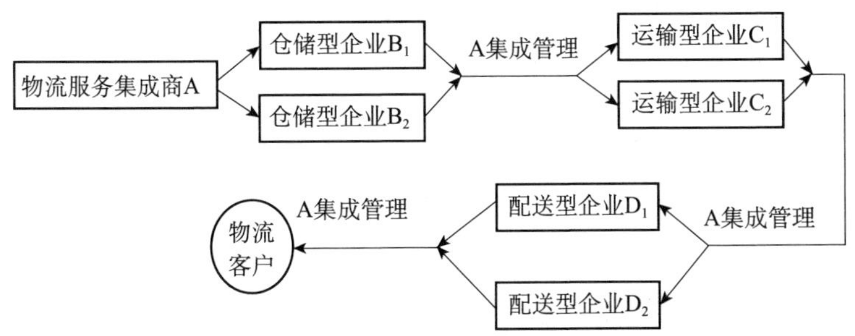

图6-1　物流服务供应链系统结构

资料来源：笔者根据6.1.2.2小节相关内容绘制而得。

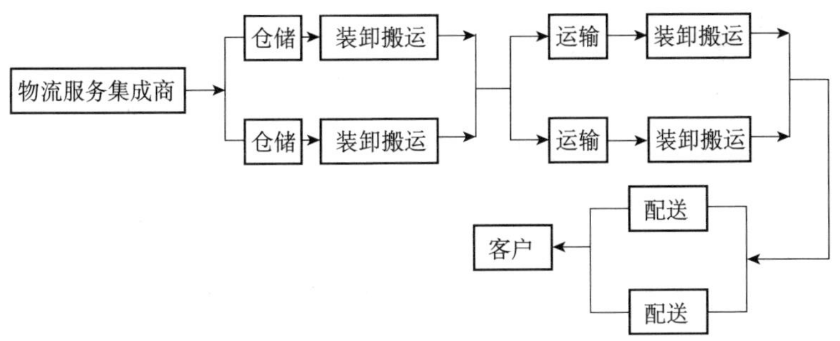

图6-2　物流服务供应链运作流程

资料来源：笔者根据图6-1分析绘制而得。

6.1.2.3　物流服务供应链系统GO图

根据《基于GO法的生鲜农产品供应链可靠性评价》① 中所介绍的GO法操作符及其含义，以及考虑物流服务供应链中各流程的功能和要求，将图6-2转化为图6-3所示的GO图。物流

① 张援越．基于GO法的生鲜农产品供应链可靠性评价［J］．物流工程与管理，2012（6）：65-66.

服务供应链系统完全是一个两态系统，输入操作符只有成功和失效两个状态。在该 GO 图中，共有四种操作符类型，具体为操作符类型 1、操作符类型 2、操作符类型 5、操作符类型 12。

1. 操作符类型 1（两状态单元）

操作符号：$\xrightarrow{S}$ 1 $\xrightarrow{R}$，S 为输入信号，R 为输出信号，输出信号状态概率可用输入信号状态和操作符状态的联合概率计算。列出输入信号状态和操作符状态的所有组合，按运算规则算出输出信号的状态值，计算相应的状态概率。若状态值相同，输出信号的概率可以合并，从而得到输出信号的所有状态概率。

2. 操作符类型 2（或门）

操作符号：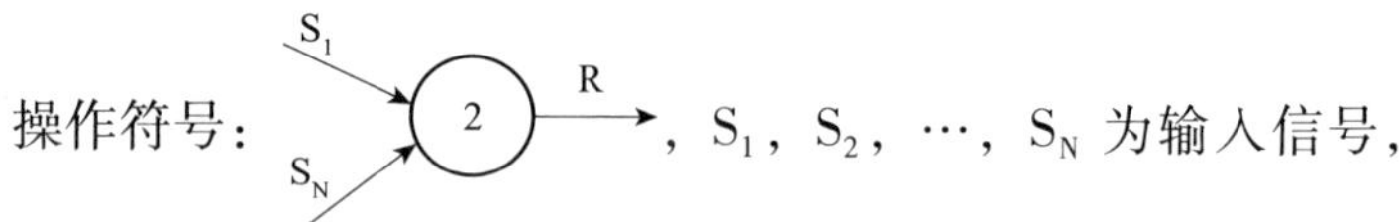

，S_1，S_2，…，S_N 为输入信号，R 为输出信号，运算规则为输出信号状态值，是 M 个信号中的最小状态值。

$$V_R = \min\{V_{S1},\ V_{S2},\ \cdots,\ V_{SM}\}$$

3. 操作符类型 5（信号发生器）

操作符号：5 $\xrightarrow{R}$，该类型没有输入信号，一般是独立于系统的外部事件或者是另一系统发出的信号，给出信号的状态值 I_j 和概率 P_j，若有 L 个可能概率值，其运算规则为：$V_R = I_j$ 的概率为 $P_R(I_j) = P_j$，$j = 1, \cdots, L$。R 为输出信号。

4. 操作符类型 12（路径分离器）

操作符号：

，该操作符有一个输入信号，有 M

个输出信号，运算规则为：

令 $V_C = j$ 表示该操作符的状态值，$j = 1, \cdots, M + 1$，令 $P_C(j)$ 表示该操作符选择第 j 路输出的概率，$P_C(j) = P_j$，$j = M + 1$ 表示都没有输出，$P_C(M + 1) = 1 - \sum_{j=1}^{M} P_j$。

图6－2中的物流服务供应链系统 GO 图一共有17个操作符号和20个信号流，操作符号内的前一个数字表示操作符号的类型，后一个数字表示操作符号的编号，信号流上面的数字表示信号流编号，见图6－3。

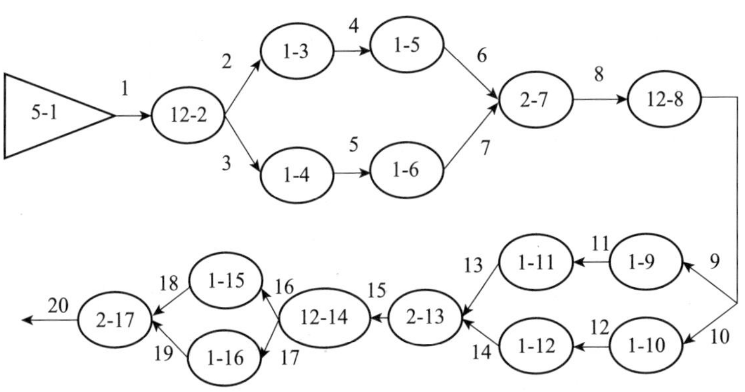

图6－3　物流服务供应链系统 GO 图

资料来源：笔者根据图6－2用 GO 法绘制而得。

6.1.2.4　物流服务供应链系统 GO 法操作符定量计算

操作符和信号流相互独立，可以根据 GO 法基本原理得到操作符计算公式，具体见《GO 法原理及应用——一种系统可靠性分析方法》一书。①

① 沈祖培，黄祥瑞．GO 法原理及应用——一种系统可靠性分析方法［M］．北京：清华大学出版社，2004.

1. 操作符类型1（两状态单元）

操作符和输入信号相互独立，计算公式为：

$$P_R = P_S \times P_C \tag{6-1}$$

$$\lambda_R = \lambda_S + \lambda_C \tag{6-2}$$

在式（6－1）中，P_R 为输出信号成功状态的概率；P_S 为输入信号成功状态的概率；P_C 为操作符成功状态概率。在式（6－2）中，λ_R 为输出信号等效故障率；λ_S 为输入信号等效故障率；λ_C 为操作符故障率。

2. 操作符类型2（或门）

当M个输入信号都故障时，输出信号故障，同时，考虑操作符成功状态概率。计算公式为：

$$P_R = P_C \times \left[1 - \prod_{i=1}^{M}(1 - P_{Si})\right] \tag{6-3}$$

$$\lambda_R = \lambda_C + \prod_{i=1}^{M}\lambda_{Si} \tag{6-4}$$

在式（6－3）中，P_{Si}为第i个输入信号成功状态的概率；在式（6－4）中，λ_{Si}为第i个输入信号等效故障率。

3. 操作符类型5（信号发生器）

单信号发生器中输出信号的成功概率，就是操作符的成功概率。即：

$$P_R = P_C \tag{6-5}$$

$$\lambda_R = \lambda_C \tag{6-6}$$

4. 操作符类型12（路径分离器）

有一个输入信号，M个输出信号，当M个输出信号相互独立时，计算公式为：

$$P_{Ri} = P_C \times P_S \tag{6-7}$$

$$\lambda_{Ri} = \lambda_C + \lambda_S \tag{6-8}$$

在式（6－7）和式（6－8）中，i＝1，2，3，…，M。

6.1.2.5 物流服务供应链可靠性计算

在物流服务供应链提供物流服务的过程中，有两种状态，1表示成功，2表示服务故障，可以统计一定周期内各节点企业提供服务的成功概率和物流服务故障概率。物流服务供应链系统操作符号的具体含义，如表6－2所示。

表6－2　　物流服务供应链系统操作符数据

运算符序号	运算符类型	运算符含义	$\lambda/10^{-2}d^{-1}$
1	5	物流服务集成商提供物流集成服务	3
2	12	物流服务集成商分别向仓储企业发出指令	4
3	1	分包商企业 B_1 提供仓储服务	3
4	1	分包商企业 B_2 提供仓储服务	5
5	1	分包商企业 B_1 提供装卸搬运服务	3
6	1	分包商企业 B_2 提供装卸搬运服务	6
7	2	物流服务集成分包商企业 B_1 和分包商企业 B_2 提供的服务	3
8	12	物流服务集成商分别向运输企业发出指令	2
9	1	分包商企业 C_1 提供运输服务	6
10	1	分包商企业 C_2 提供运输服务	5
11	1	分包商企业 C_1 提供装卸搬运服务	2
12	1	分包商企业 C_2 提供装卸搬运服务	4
13	2	物流服务集成商集成分包商企业 C_1 和分包商企业 C_2 提供的服务	2
14	12	物流服务集成商分别向运输企业发出指令	2
15	1	分包商企业 D_1 提供配送服务	5
16	1	分包商企业 D_2 提供配送服务	6
17	2	物流服务集成商集成分包商企业 D_1 和分包商企业 D_2 提供的服务给客户	3

资料来源：笔者根据统计数据整理而得。

根据GO法操作符运算规则，可以进行GO运算，假设物流服务供应链的节点企业是相互独立的，通过状态组合集就可以定量计算各信号流处于各种状态下的概率，计算过程如下。

信号流 1 的状态概率如表 6－3 所示，其等效故障率为 3。

表 6－3　　　　信号流 1 的状态概率　　　　单位：$10^{-2}d^{-1}$

状态值	状态组合	状态概率计算
1	A_1	$P_1=P(A_1)=97$
2	A_2	$P_2=P(A_2)=3$

资料来源：笔者根据表 6－2 分析计算的结果整理而得。

操作符号 12－2 是一个路径分流器，输出的信号流 2、信号流 3 是相互独立的，计算式（6－8）可以得到其等效故障率为：

$$\lambda_{R2}=\lambda_{R3}=\lambda_c+\lambda_s=3+4=7$$

操作符号 1－3 是类型 1 的两状态单元，根据式（6－2）可以得到信号流 4 的等效故障率为：

$$\lambda_{R4}=\lambda_S+\lambda_C=7+3=10$$

同理，信号流 5 根据式（6－2）可以得到其等效故障率为：

$$\lambda_{R5}=\lambda_S+\lambda_C=7+5=12$$

同理，信号流 6 根据式（6－2）可以得到其等效故障率为：

$$\lambda_{R6}=\lambda_S+\lambda_C=7+3=10$$

同理，信号流 7 根据式（6－2）可以得到其等效故障率为：

$$\lambda_{R7}=\lambda_S+\lambda_C=12+6=18$$

操作符号 2－7 是一个或门，根据式（6－4）可以得到信号流 8 的等效故障率为：

$$\lambda_{R8}=\lambda_C+\prod_{i=1}^{2}\lambda_{Si}=3+10\times18/100=4.8$$

操作符号 12－8 是一个类型 12 的路径分流器，根据式（6－8）可以算出信号流 9、信号流 10 的等效故障率为：

$$\lambda_{R9}=\lambda_{R10}=\lambda_C+\lambda_S=4.8+2=6.8$$

操作符号 1－9 是一个两状态单元，根据式（6－2）可以计算出信号流 11 的等效故障率为：

$$\lambda_{R11} = \lambda_C + \lambda_S = 6.8 + 6 = 12.8$$

操作符号1-10也是一个两状态单元，根据式（6-2）可以计算出信号流12的等效故障率为：

$$\lambda_{R12} = \lambda_C + \lambda_S = 6.8 + 5 = 11.8$$

同理，可计算出信号流13的等效故障率为 $\lambda_{R13} = 12.8 + 2 = 14.8$，信号流14的等效故障率为 $\lambda_{R14} = 11.8 + 4 = 15.8$。

操作符号2-13是一个类型2的或门，根据式（6-4）可以计算出信号流15的等效故障率为：

$$\lambda_{R15} = \lambda_C + \prod_{i=1}^{2} \lambda_{Si} = 2 + 14.8 \times 15.8/100 = 4.3384$$

操作符号12-14是一个路径分流器，信号流16和信号流17的等效故障率相同，均为：$\lambda_{R16} = \lambda_{R17} = 4 + 4.3384 = 8.3384$。

信号流18的等效故障率为：$\lambda_{R18} = 8.3384 + 5 = 13.3384$

信号流19的等效故障率为：$\lambda_{R19} = 8.3384 + 6 = 14.3384$

操作符号2-17是或门，信号流20的等效故障率为：

$$\lambda_{R20} = 3 + 13.3384 \times 14.3384/100 = 4.9125$$

根据上述计算过程及结果，20个信号流的等效故障率，见表6-4。

表6-4　物流服务供应链各信号流的等效故障率计算结果

单位：$10^{-2}d^{-1}$

信号流	等效故障率	信号流	等效故障率	信号流	等效故障率
1	3	8	4.8	15	4.3384
2	7	9	6.8	16	8.3384
3	7	10	6.8	17	8.3384
4	10	11	12.8	18	13.3384
5	12	12	11.8	19	14.3384
6	10	13	14.8	20	4.9125
7	18	14	15.8		

资料来源：笔者根据上文计算结果整理而得。

由表6－4可知，该物流服务供应链集成运输、仓储、配送等企业为客户提供一体化的物流服务，最终物流服务的等效故障率为$4.9125\times10^{-2}d^{-1}$。该物流服务供应链在各节点等效可靠度也可算出，具体见表6－5。

表6－5　物流服务供应链各信号流的可靠度计算结果

信号流	可靠度	信号流	可靠度	信号流	可靠度
1	0.9700	8	0.9520	15	0.9566
2	0.9300	9	0.9320	16	0.9166
3	0.9300	10	0.9320	17	0.9166
4	0.9000	11	0.8720	18	0.8766
5	0.8800	12	0.8820	19	0.8566
6	0.9000	13	0.8520	20	0.9509
7	0.8200	14	0.8420		

资料来源：笔者根据表6－4的计算结果整理而得。

根据表6－5可知，该物流服务供应链系统为客户提供的物流服务可靠性为0.9509，根据表6－1的物流服务供应链可靠度评价等级的划分判断标准可知，该物流服务供应链的可靠度极高。从表6－5可以看出，物流服务分包商的可靠度都低于0.9000，但物流服务集成商通过并联来集成它们的服务，从而显著提高了整个系统的可靠度。

由表6－5可以看出，物流服务供应链中各信号流的可靠度，即物流服务过程中每个环节的可靠度都已计算出。若系统的最终输出信号可靠度低时，可以判断出系统可靠性的最薄弱环节，在该环节加强可靠性管理，可以提高系统的可靠度，从而提高物流服务的可靠性及服务质量。

根据表6－5可知，在物流服务过程中，每一个服务流程的可靠度以及物流服务分包商的可靠性水平，为管理者提供详尽的信息，可以促进各节点企业的可靠性管理，实现可靠性管理机制化、常态化。比如，在物流服务供应链可靠性评价中，曾经有运输过程中的可靠度较低的情况，那么，物流服务集成商就可以针对运输服务可靠性的薄弱因素进行管理，假设天气预报有雨，可以对运输过程中的货物进行防湿处理，则提升运输过程中的服务质量稳定性，也就促进了该节点企业及整个服务供应链的可靠性水平。

通过前面的分析，我们可以看出，基于GO法的物流服务供应链的可靠性评价，不仅可以为管理者提供整个系统的可靠性水平，而且可以得到物流服务流程中每个环节的可靠性水平，从而实现对系统及其流程的可靠性管理，有助于为物流服务供应链提供稳定、可靠的物流服务。

6.2 物流服务供应链可靠性管理

根据全国科学技术名词审定委员会对可靠性管理的定义可知，可靠性管理是为确定和满足元件或系统的可靠性要求，所进行的一系列组织、计划、规划、控制、协调、监督、决策等活动和功能的管理。物流服务供应链为一个系统，因此，物流服务供应链可靠性管理的含义为确定和满足物流服务供应链的可靠性要求所进行的一系列组织、计划、规划、控制、协调、监督、决策等活动和功能的管理。为了保证或提升物流服务供应链系统的可靠性，在物流企业内展开如下可靠性管理工作是必要的。

6.2.1 建立可靠性组织保证体系

建立可靠性组织保证体系，为了把一切与可靠性相关的活动和资源包括人力资源及物力资源组织起来、协调合作，共同保证物流服务供应链系统的可靠性，才能从组织上保证可靠性工作的开展。

在物流企业内，不需要新增部门进行可靠性管理工作，否则会增加企业成本。在原有服务质量管理部门，增加可靠性管理工作。可靠性保证体系包括这些方面：高层管理者、中层管理者、主管部门、一线员工。

6.2.1.1 高层管理者

物流企业高层管理者一般不直接负责物流服务质量和服务可靠性保证工作，但他在动员和领导企业员工保证物流服务质量和可靠性方面起着决定性作用。高层管理者的职责有：

（1）对企业物流服务可靠性保证工作应多支持、多了解，真正了解企业物流服务可靠性工作的实际情况；

（2）应加强监督、定时检查物流服务可靠性管理计划及其贯彻执行情况；

（3）决定本企业基本的物流服务可靠性方针政策；

（4）推动并抓住可靠性教育，促进员工的全员可靠性意识；

（5）鼓励员工总结物流服务可靠性组织保证的经验，多参与物流服务可靠性学术讨论会。

经验表明，在提高物流服务质量的努力中，从企业文化方面入手，让员工感到被重视，增强企业凝聚力，让员工为企业提供稳定、可靠的物流服务而尽心尽力。

6.2.1.2 中层管理者

中层管理者直接负责物流服务质量和可靠性保证工作，工作一定要落实，推动企业可靠性工作的开展，具体职责有：

（1）尊重科学，带领下属员工学习并能将可靠性相关理论运用到物流服务过程中，提升物流服务可靠性。

（2）建立物流服务可靠性管理和保证体系，健全可靠性保证奖惩制度，让物流服务可靠性工作与薪酬挂钩，并监督实施奖惩制度的落实。

（3）考虑长期、短期的需要，明确不同流程中物流服务可靠性工作的职责和权限，为可靠性管理提供必需的资源（包括人力、财力、物力）。

（4）重视可靠性思想意识的提高。

6.2.1.3 主管部门

主要由企业的服务质量管理主管部门同时负责可靠性管理和保证工作，其主要任务为：

（1）负责完成定量的企业物流服务可靠性分析，评定当前的可靠性水平，发现物流服务过程中的薄弱环节，能及时查找潜在的问题。

（2）参与物流企业生产经营部门的物流服务产品设计与可靠性设计评审，报告当前物流服务可靠性状况及存在的问题，并提出相应建议，一起讨论和决策。

（3）根据物流服务故障报告、分析并纠正工作的具体程序。检查物流服务故障趋势及存在问题，必要时提出纠正措施的建议。

6.2.1.4 一线员工

（1）认真学习和运用可靠性管理知识，与具体的物流业务相结合。

（2）明确具体的可靠性工作的职责和权限，落实可靠性工作。

（3）重视可靠性思想意识的提高。

（4）总结可靠性保证的经验，多参与可靠性学术讨论会。

可靠性保证是可靠性管理的组织措施，为保证可靠性组织机构或规章制度能有效运行，关键在于企业管理者能明确可靠性工作对创造稳定的、高可靠性的服务产品的意义，并从实际工作中满足可靠性管理的需要，最终保证物流服务产品能满足物流顾客的需求。

6.2.2 引入物流服务供应链可靠性管理机制

物流服务供应链可靠性管理机制是保障物流服务供应链的正常稳定运行，提高供应链可靠性的重要措施之一。在物流服务供应链系统内部引入可靠性管理机制，将物流服务的可靠性管理纳入物流服务质量的统一管理。

6.2.2.1 建立全员可靠性意识

在员工业务培训和质量考核过程中，增加物流服务可靠性的相关知识，让员工树立起“物流服务可靠性是服务质量的核心”的意识，从思想源头上重视物流服务可靠性，从行为上按照规范流程来操作，提升整个系统的服务可靠性。

6.2.2.2 建立可靠性管理数据库

在整个物流服务供应链系统的物流服务质量数据统计基础上，能实现可靠性数据的采集、分析、上报会商制度，建立或加强可靠性管理的数据库。通过这个数据库，能识别物流服务供应链中各个成员企业内部、外部潜在的可靠性影响因素，捕捉征兆性信号，将归纳的潜在的导致可靠性异常的信息归类编号，及时掌握物流服务供应链系统可靠性指标的完成情况，能对物流服务可靠性存在的问题及时进行分析，为可靠性管理提供决策依据。

比如，在物流服务供应链可靠性数据库中，曾经有运输过程中因天气原因导致货物使用价值下降，运输服务可靠性降低的情况。那么，物流服务集成商就可以针对影响物流服务可靠性的天气因素进行管理，如天气预报有雨，可以对运输过程中的货物进行防湿处理，保证运输过程中服务质量的稳定性。

6.2.2.3　建立可靠性管理机制

根据可靠性数据库进行分析之后的结果，得到物流服务供应链运作过程中的薄弱环节或容易出现故障的底事件，能针对这些信息提出对应的措施，确保物流服务质量的稳定性，实现可靠性管理机制化、常态化。

6.2.3　节点企业间可靠性信息的共享

物流服务供应链由众多企业构成，要提升整个系统的物流服务可靠性水平，企业之间信息系统的对接、可靠性信息的共享是一个必备条件。物流服务供应链之间的合作企业通过可靠性信息共享，实现一体化的可靠性管理，才能保证提供稳定的一体化的物流服务。

6.2.4　建立规范的物流服务流程

通过前面分析可知，物流服务集成商为客户集成不同物流服务分包商的物流服务，物流环节较多，可能会涉及运输、仓储、配送、装卸搬运、物流信息管理等。如果没有标准、规范的物流服务流程，提供给最终客户的物流服务质量得不到保证，物流服务可靠性水平就会受到影响，进而影响物流服务供应链的竞争力。比如，快递行业，在拣货流程中出现粗暴分拣的现象，忽视了物流服务质量，更谈不上可靠性管理。在物流服务供应链系统内部建立规范的物流服务流程，实现不同物流企业的业务标准化，实现不同企业提供相对稳定的物流服务，可以进一步保证或提升物流服务供应链系统的运营可靠性水平。

6.2.5 物流服务过程的监控

由于物流服务供应链的运作过程是一个动态的过程，在这个过程中，有可能受到来自环境的影响，只有加强对物流服务过程的监控，可靠性管理者才能根据突发的、意外的环境影响，及时做出调整，确保物流服务故障能在最短的时间内得到修复，实现对可靠性管理的快速应急处理，减少整个系统不可靠性的传递与蔓延，进而减少整个系统的损失。

综上所述，物流服务供应链可靠性管理工作是质量管理工作中最核心的部分，只有加强可靠性管理工作，才能保证系统提供的物流服务具有稳定的可靠度。保证系统的核心竞争力，进而才能保证企业的核心利益。

6.3 本章小结

通过对物流服务供应链可靠性的评价，才能判断物流服务供应链的运行情况，从而进行有针对性的可靠性管理。根据已有文献，本章物流服务供应链可靠性分为可靠度极高、高、中等和低四个等级，见表6－1，为物流服务供应链可靠性的评价结果提供判断标准。本章运用GO法来对物流服务供应链进行可靠性评价，先构建物流服务供应链流程图，进而建立系统GO图，进行GO法操作符定量计算，从而计算出物流服务供应链可靠度结果和故障率结果，与表6－1进行对比，从而判断出物流服务供应链的可靠性情况，为可靠性管理提供依据。

根据评价结果进行有针对性的可靠性管理，提出管理措施，从建立可靠性组织保证体系、引入可靠性管理机制、建立规范的物流服务流程等提出建议，希望能对物流服务供应链可靠性管理提供参考。

第 7 章

总结与展望

物流系统是经济系统的后勤保障系统，在提供服务的过程中，物流服务供应链以能提供一体化的物流服务而受到客户的青睐。物流服务供应链是由不同企业以市场契约的形式联盟组成的，并且物流服务过程是跨越不同地域范围、不同作业环节的，稳定的物流服务质量能否得到保证，是关系到客户核心利益的，也是关系到物流服务供应链的核心竞争力的。因此，迫切需要加强物流服务供应链系统的可靠性研究，希望能通过本书的研究，对中国物流企业在提供物流服务时整合社会资源，并能在物流服务集成时提供提高服务可靠性的有益的建议及对策，提高物流行业的物流管理水平及经济效益。

本书在充分考虑物流服务供应链物流能力、结构特点的基础上，运用一定的分析工具和分析方法，分析了物流服务供应链的服务故障、可靠度设计、可靠性分析、可靠性评估等问题，对物流服务供应链的可靠性问题进行了比较深入的研究。

本章将对上述研究工作从物流服务供应链可靠性的系统分析、理论研究和数值算例研究方面作一详细总结，归纳本书主要创新点以及对未来可能的研究方向进行展望。具体如下：

7.1 本书总结

7.1.1 物流服务供应链可靠性的特征

本书对物流服务供应链可靠性的特征进行界定和归纳，具体内容有：

（1）根据国家标准《可靠性基本名词术语及定义》可知物流服务供应链可靠性的定义，物流服务供应链可靠性是物流服务供应链服务质量的一个核心构成要素，是影响客户满意度的最重要维度。

（2）物流服务供应链系统是一个可维修系统，表明可以通过物流服务维修提升系统的可靠性。物流服务供应链可靠性是系统整体可靠性，而非某个节点企业或某个作业环节的可靠性，需要从系统角度分析其可靠性。

（3）物流服务供应链可靠性是服务可靠性，与有形产品的可靠性不同，其决定因素是物流能力，产生于物流服务过程。

（4）由于其寿命分布是未知的，因此，选取物流服务供应链可靠性的特征量为可靠度。

7.1.2 物流服务供应链可靠性影响因素识别分析

物流服务供应链是一个复杂自适应系统，同时是一个人－机系统，基于此思路，采用系统分析的思想和鱼刺图的分析工具，分析出物流服务供应链可靠性影响因素为环境因素、内部因素和人的因素。

在分析环境因素造成的不可靠性传递中，运用的是输入输出模型。输入输出模型是分析系统相互依赖关系的有力工具，运用该模型来分析外部环境因素对物流服务供应链可靠性造成的影响，通过分析发现，当物流服务供应链中某个节点企业遭受来自环境带来的冲击，其不可靠性是沿着物流能力供需的路径进行传递的，不可靠性大小与节点企业之间的相互依赖关系相关，见图3－9、图3－11。当物流服务供应链系统存在冗余的物流能力时，能吸收物流运作中的不可靠性，但带来的是成本增加。

通过分析得知，内部因素有节点企业的可靠性因素、管理协调因素、系统结构因素，重点分析节点企业的可靠性因素对系统整体可靠性的影响，运用的分析工具是可靠性框图与可靠性数学。分析得知，其影响的大小与节点企业在物流服务供应链系统中的重要度大小有关系，见表3－6。而在物流服务供应链系统中，最重要的是物流服务集成商。因此，物流服务集成商的可靠度变化对系统可靠度影响很大，表明在可靠性管理中要重点加强对物流服务集成商的管理。

7.1.3 物流服务供应链可靠性的设计与分析

如何确定恰当的物流服务供应链可靠性水平，需要在可靠性与费用之间进行权衡，这解决的是系统固有可靠性。物流服务供应链是一个动态的服务过程，运作可靠性随时在变化，需要对物流服务供应链运作可靠性进行适时分析。因此，物流服务供应链可靠性的设计与分析，是对物流服务供应链可靠性的固有可靠性和运作可靠性的系统分析。

物流服务供应链可靠性的最佳水平需要考虑可靠度、成本、物流能力之间的权衡，期望目标是整个物流服务供应链整体利润最大化，建立优化模型式（4－6）并求解。研究表明，当增加物流服务可靠性的边际收益等于边际成本时，物流服务供应链的整体利润最大，但不同的物流需求函数会影响其最终利润的结果。

物流服务供应链在服务过程中可能会出现物流服务故障的问题，需要分析物流服务故障的表现形式，进而进行可靠性分析。运用故障树（FTA）分析得到服务故障的表现形式，见表5－1，并举例进行定性分析和定量分析，从而得知物流服务供应链系统容易出现服务故障的环节也就是最薄弱的地方，从而为可靠性管理提供信息参考。

运用故障树进行可靠性分析是静态的，而物流服务过程是一个动态过程，并满足Markov假设。因此，运用Markov过程分析物流服务供应链的可靠性，构建了物流服务供应链二级结构的不同Markov状态转移链，见图5－9、图5－10，建立微分方程组并求解，得到物流服务供应链的可靠度和稳态可用度的解析表达式（式（5－15）、式（5－16）、式（5－19）、式（5－20））。研究结果表明，当物流服务提供的业务彼此存在竞争时，物流服务供应链在某一稳定时间内提供的服务更稳定、更可靠，系统可靠度和稳态可用度指标更优。

7.1.4　物流服务供应链可靠性的评价与管理

通过对物流服务供应链可靠性的评价，才能判断物流服务供应链的运行情况，从而进行有针对性的可靠性管理。根据已有文献，将物流服务供应链可靠性分为四个等级，见表6－1，为物流服务供应链可靠性的评价结果提供判断标准。运用GO法进行可靠性评价，先构建物流服务供应链流程图，进而建立系统GO图，进行GO法操作符定量计算，从而计算出物流服务供应链可靠度结果和故障率结果，与表 6 - 1 进行对比，判断出物流服务供应链的可靠性情况，为可靠性管理提供依据。

根据评价结果来进行有针对性的可靠性管理，提出管理措施，从建立可靠性组织保证体系、引入可靠性管理机制、建立规范的物流服务流程等提出建议，希望能对物流服务供应链可靠性管理提供参考。

7.2 本书主要创新

本书的主要创新点如下：

（1）输入输出模型（IIM）是分析系统相互依赖关系的分析工具，主要运用在经济领域，本书将其运用到物流服务供应链不可靠性的分析上，对该模型的运用条件进行界定，并同时对该模型的变量含义进行了修订，使其作为对系统不可靠性及其传递路径的分析工具。分析结论是，物流服务供应链不可靠性沿着物流能力供应的路径进行传递，其影响与节点间的物流能力、节点企业间相互关系系数大小有关系，具体见 3.4.1 小节。

（2）本书在考虑物流服务供应链的可靠度、物流成本、物流收入和需求的约束条件基础上，建立了基于可靠性约束的利润模型，并分别进行了当需求具体为指数需求和线性函数时的数值计算。研究结果表明，只有当增加物流服务供应链可靠性的边际收益等于边际成本时，利润最大，但不同的物流需求函数会影响利润的最终结果，具体见 4.3 节。

（3）基于可靠性理论，本书分析了物流供应能力与物流需求的关系，建立了物流服务供应链的二级结构图，构建 Markov 状态转移过程及其模型，首次对物流服务供应链的可靠性指标

（可靠度和稳态可用度）进行量化计算并求解。研究表明，物流服务供应链的可靠性受其结构的影响，物流服务分包商业务存在竞争时的可靠性优于非竞争时的可靠性，具体见5.3节。

7.3　研究展望

有待进一步解决的问题：

（1）本书在分析物流服务供应链的运作可靠性时，假定物流服务故障发生率和服务维修率服从指数分布，然而，物流服务故障发生率和服务维修率究竟服从什么分布？需要用统计方法进行验证。因此，通过统计方法和相关理论研究在实际运营中，物流服务供应链提供的物流服务的统计规律，这是物流服务可靠性将来研究的热点问题和难点问题。

（2）由于物流服务供应链的可靠性与其系统结构有关系，本书仅探讨了二级结构下的可靠度和稳态可用度。在下一步的研究中，将一步拓展开来，研究三级结构或多级结构的可靠度和稳态可用度，这将是物流服务可靠性中的另一个难点问题。

（3）在已有研究的基础上，可以进一步拓展物流服务供应链可靠性的模型构建、算法研究和仿真研究，将物流服务集成商和物流服务分包商的利润最大化作为优化目标，可靠度、成本、物流能力为约束条件，建立多目标优化模型，并进行仿真研究，这也是下一步要展开的研究难点。

参考文献

[1] 物流业发展中长期规划，2014.

[2] 崔爱平，刘伟．物流服务供应链中基于期权契约的能力协调［J］．中国管理科学，2009（2）：59－63.

[3] 蔡云飞等．物流服务供应链及其构建［J］．企业改革与管理，2006（8）：17－18.

[4] 蔡鉴明，曾峰．基于GO法的供应链可靠性分析［J］．公路交通科技，2007，24（3）：141－144.

[5] 程建刚．服务供应链网络优化模型及解法［J］．电子科技大学学报（人文科学版），2009（1）：61－64.

[6] 丁伟东，刘凯，贺国先．供应链风险研究［J］．中国安全科学学报，2003（4）：64－66.

[7] 董千里．物流企业运作与实务［M］．北京：人民交通出版社，2004.

[8] 董千里．物流集成的形成机制探讨［J］．物流技术，2009（3）：1－3.

[9] 董明．供应链设计——过程建模、风险分析与绩效优化［M］．上海：上海交通大学出版社，2010.5.

[10] 杜志平，穆东．基于可靠性优化的供应链软联盟规模研究［J］．物流技术，2006（7）：156－158.

[11] 李海泉，李刚．系统可靠性分析与设计［M］．北京：科学出版社，2005.

[12] 金秀满，朱晓华，许增．军事物流可靠性分析模型[J]．军队采购与物流，2007（5）：56－58.

[13] 高志军，刘伟．物流服务供应链集成管理的演化机制研究[J]．物流工程与管理，2009（3）：78－81.

[14] 霍佳震，隋明刚，刘仲英．集成化供应链整体绩效评价体系构建[J]．同济大学学报（自然科学版），2002（4）：64－66.

[15] 刘伟华．物流服务供应链能力合作的协调研究[D]．上海：上海交通大学，2007.

[16] 刘元洪，罗明，刘仲英．供应链可靠性管理[J]．现代管理科学，2005（5）：15－16.

[17] 李阳珍，张喜征．基于 Markov 过程的物流服务供应链可靠性分析[J]．重庆交通大学学报（自科版），2012（8）：895－899.

[18] 李阳珍，张明善．物流服务供应链不可靠性传递分析[J]．西南民族大学学报（社科版），2012（9）：151－154.

[19] 李阳珍．物流服务供应链可靠性影响因素识别研究[J]．物流技术，2013（4）：207－210.

[20] 李家斌，王永建，兰建义．拉式供应链系统可靠性分析与改善[J]．物流技术，2005（10）：19－20.

[21] 刘小群．供应链物流能力的体系结构及其关键能力优化[D]．武汉：华中科技大学，2006.

[22] 刘潇．物流服务质量评价模型构建研究[D]．镇江：江苏大学，2010.

[23] 罗博，孙林岩，闫秀霞．一种考虑物流服务供应链可靠性的服务商数量确定研究[J]．生产力研究，2006（1）：181－182.

[24] 宁科荃. 基于可靠性的供应链优化分析 [D]. 大连: 大连理工大学, 2005.

[25] 穆东, 杜志平. 供应链固有可靠性和运作可靠性研究 [J]. 物流技术, 2004 (12): 37 - 39.

[26] 田宇. 物流服务供应链构建中的供应商选择研究 [J]. 系统工程理论与实践, 2003 (5): 49 - 53.

[27] 田宇, 吴佩勋. 物流服务供应链收益分享合同模型 [J]. 科技管理研究, 2006 (1): 227 - 229.

[28] 申成霖, 汪波. 物流服务供应商的选择决策问题 [J]. 南京林业大学学报 (人文社科版), 2005 (3): 72 - 75.

[29] 张德海. 物流服务供应链的协调机制研究 [D]. 成都: 电子科技大学博士论文, 2007.

[30] 余小川, 季建华. 物流系统的可靠度及其优化研究 [J]. 管理工程学报, 2007 (1): 67 - 70.

[31] 王建, 张文杰. 供应链系统可靠性分析 [J]. 中国安全科学学报, 2003, 13 (11): 73 - 76.

[32] 林洁, 颜兆林. GO-FLOW 方法在共因故障中的应用 [J]. 工业安全与环保, 2004 (2): 11 - 13.

[33] 邹安全, 于琦. 基于 Go-Flow 改进方法的物流与供应链模型可靠性分析及扩展研究 [C]. 2007 年湖南科技论坛.

[34] 张德海, 刘德文. 物流服务供应链的故障树分析及优化 [J]. 统计与决策, 2009 (14): 75 - 77.

[35] 张援越. 基于 GO 法的生鲜农产品供应链可靠性评价 [J]. 物流工程与管理, 2012 (6): 65 - 66.

[36] 韦福祥. 对服务补救若干问题的探讨 [J]. 天津商学院学报, 2002 (1): 24 - 26.

[37] 熊英. 服务补救管理研究 [D]. 武汉: 武汉理工大

学，2007.

［38］张延峰．供应链管理系统可靠性的分析与研究［D］．上海：复旦大学，2009.

［39］夏黎明，姜全兵．人为失误原因分析及对策［J］．安全，2001（5）：37－39.

［40］武淑平，宋守信，高速公路驾驶中人因失误问题分析［J］．交通与运输，2008（5）：125－128.

［41］曾峰，李夏苗．基于层次分析法的供应链可靠性分析［J］．物流技术，2005（10）：44－46.

［42］周经伦，龚时雨，颜兆林．系统安全性分析［M］．长沙：中南大学出版社，2003.

［43］郭永基．可靠性工程原理［M］．北京：清华大学出版社，施普林格出版社，2002.

［44］沈祖培，黄祥瑞．GO 法原理及应用——一种系统可靠性分析方法［M］．北京：清华大学出版社，2004.

［45］张根保等．GO 法在供应链可靠性诊断中的应用［J］．重庆大学学报，2010（12）：40－46.

［46］邱祝强等．GO-FLOW 法在蔬菜物流安全风险分析中的应用［J］．武汉理工大学学报（交通科学与工程版），2010（4）：332－336.

［47］［英］Christian Gronroos. 服务管理与营销［M］（中译本）．韦福祥等译，北京：电子工业出版社，2008.

［48］［美］Roger W. Schmenner 著，服务运作管理［M］（中译本）．刘丽文译，北京：清华大学出版社，2000.

［49］［美］Donald J. Bowersox. David J. Closs 著．物流管理：供应链过程的一体化［M］．林国龙，宋柏，沙梅译．北京：机械工业出版社，2002.

[50] [美] Way Kuo V. rajendra Prasad and Frank A. Tillman Ching-Lai Hwang 著. 最优可靠性设计：基础与应用（中译本）. 郭进利，阎春宁译，北京：科学出版社，2011.

[51] A. Parasuraman, Valarie A. Zeithaml and Leonard L. Berry. A conceptual Model of Service Quality and its Implications for Future Research [J]. *Journal of Marketing*, 1985, 49 (fall): 41 - 50.

[52] A. Parasuraman, Leonard L. Berry and Valarie A. Zeithaml. More on Improving Service Quality Measurement [J]. Journal of Retailing, Volume 69, Issue 1, Spring 1993, Pages 140 - 147.

[53] Aven T. Reliability Evaluation of Multistate Systems with Multistate Components [J]. IEEE Transactions on Reliability, 1985 (34): 473 - 479.

[54] Berry L. L., Parasuraman A. Marketing Services: Competing Through Quality, New York: The Free Press, 1991: 11 - 16.

[55] Bowers M., Swan J. E. and Koehler W. F. What Attributes Determine Quality and Satisfaction with Health Care Delivery? [J]. *Health Care Management Review*, 1994, 19 (4): 49 - 55.

[56] Boronico J. S. The Application of Reliability Constrained Stochastic Capacity Planning Models to the Service Sector [J]. European Journal of Operational Research, 1997 (97): 34 - 40.

[57] Coit D. W., Smith A. E. Reliability Optimization of Series-parallel Systems Using Genetic Algorithm [J]. IEEE Transactions on Reliability 1996a, 45, 254 - 266.

[58] Dave Luton. Inventory Accuracy: An Overlooked Component of Supply Chain Reliability [J]. Materials Management and Dis-

tribution, 2004, 49 (7): 71 -73.

[59] Gummesson E. Service Quality & Product Quality Combined [J]. *Review of Business*, 1988, Winter, No3: 14 -19.

[60] Hans-Peter Wlendahl, Gregor von Cleminskf and Carsten Begemann. A Systematic Approach for Ensuring the Logistic Process Reliability of Supply Chains [J]. CIRP Annals-Manufacturing Technology, Volume 52, Issue 1, 2003 (1): 375 -380.

[61] Hsieh C. C. , Lin M. H. Reliability-oriented Multi-resource Allocation in a Stochastic-flow Network [J]. Reliability Engineering and System Safety, 2003, 81: 155 -161.

[62] Hsieh C. C. , Chen Y. T. Reliable and Economic Resource allocation in an Unreliable Flow Network [J]. Computer and Operations Research, 2005a, 32: 613 -628.

[63] Hsieh C. C. , Chen Y. T. Resource Allocation Decisions under Various Demands and Cost Requirements in an Unreliable Flow network [J]. Computer and Operations Research, 2005b, 32: 2771 -2784.

[64] Inneke Van Nieuwenhuysea, Nico Vandaele. The Impact of Delivery Lot Splitting on Delivery Reliability in a Two-stage Supply Chain [J]. International Journal of Production Economics, 2006, 104: 694 -708.

[65] Jane C. C. , Lin J. S. and Yuan J. Reliability Evaluation of a Limited-flow Network in Terms of Minimal Cutsets [J]. IEEE Transactions on Reliability, 1993 (42): 354 -361.

[66] Jelloulio, Chatelet E. Monte Carlo Simulation and Genetic Algorithms for Optimizing Supply Chain Management in a Stochastic Environment [C]. IEEE International Conference, 2001 (3): 1835 -1839.

[67] J. ess, J. Boronico. An Investigation into the Costs and Benefits of Reliability of Service. Omega 1998, 26 (1): 99 -114.

[68] Jia-shan Song, Feng Ji, Ying Zhu, Yong Li, Hao-Ying Sun and Cheng Peng. The MARS-Based Research about Reliability Judgment of Members of Supply Chain Alliance [C]. 1st International Workshop on Knowledge Discovery and Data Mining, WKDD, 2008: 283 -288.

[69] Jia Xujie, Cui Lirong. A Study on Reliability of Supply Chain Based on Higher Order Markov Chain [C]. Proceedings of 2008 IEEE International Conference on Service Operations and Logistics, and Informatics, 2008 (2): 2014 -2017.

[70] John T. Mentzer Roger Gomes, Robert E. Krapfel. Physical Distribution Service: A Fundamental Marketing Concept? [J]. Journal of the Academy of Marketing Science, Winter, 1989, Volume 17, Issue 1: 53 -62.

[71] John Quigley, Lesley Walls. Trading Reliability Targets within a Supply Chain Using Shapley's Value [J]. Reliability Engineering and System Safety, 2007 (92): 1448 -1457.

[72] John T. Mentzer; Daniel J. Flint and John L. Kent. Developing a Logistics Service Quality Scale [J]. Journal of Business Logistics, 1999, 20 (1): 9 -31.

[73] K. W. Lee, J. J. higgins and F. A Tillman. Stochastic Modeling of Human-performance Reliability. *IEEE Transactions on Reliability*, R -37 (5): 501 -504, 1988.

[74] K. W. Lee, F. A Tillman. and J. J. higgins. Stochastic Models for Mission Effectiveness. *IEEE Transactions on Reliability*, 1990, R-39 (3): 321 -324.

[75] Lawrence V. Snyder. Supply Chain Robustness and Reliabil-

ity: Models and Algorithms. Northwestern University, 2003: 80 – 86.

[76] Lisa M. Ellram, Wendy L. Tate, Corey Billington. Understanding and Managing the Services Supply Chain [J]. Journal of supply chain management, 2004 (9): 17 – 32.

[77] Li Jiaqi, Li Jian, Ye Bowei. The Application of Gray Comprehensive Evaluation in the Evaluation of Logistics Service Supply Chain Performance [C]. 2010 8th International on Conference Supply Chain Management and Information Systems (SCMIS), 2010 (9): 1 – 5.

[78] Levitin G. Reliability Evaluation for Acyclic Consecutively Connected Networks with Multistate Elements [J]. Reliability Engineering and System Safety, 2001 (73): 137 – 143.

[79] Levitin G., Lisnianski A. A new Approach to Solving Problems of Multi-state System Reliability Optimization [J]. Quality Reliability Engineering International, 2001, 17: 93 – 104.

[80] Lin J. S., Jane C. C. and Yuan J. On Reliability Evaluation of a Capacitated-flow Network in terms of Minimal Pathsets [J]. Network, 1995 (25): 131 – 138.

[81] Lin Y. K. A Simple Algorithm for Reliability Evaluation of a Stochastic-flow Network with Node Failure [J]. Computer and Operations Research, 2001 (28): 1277 – 1285.

[82] Lin Y. K. Using Minimal Cuts to Evaluate the System Reliability of a Stochastic-flow Network with Failures at Nodes and Arcs [J]. Reliability Engineering and System Safety, 2002 (75): 41 – 46.

[83] Lin Y. K. A Stochastic Model to Study the System Capacity for Supply Chains in terms of Minimal Cuts [J]. International Journal of Production Economics, 2010 (124): 181 – 187.

[84] Li Yangzhen, Yi Haiyan. Research on Choice of Logistic Service Sub-Contractor Based on Reliability and Cost [C]. The International Conference on Management Science & Engineering, 2010 (12): 577-581.

[85] Lisnianski A., Levitin G. Multi-State System Reliability: Assessment, Optimization and Application [M]. Vol. 6. Singapore: World Scientific Press, 2003.

[86] Liu Q., Zhang H., Ma X. and Zhao Q. Genetic Algorithm-based Study on Flow Allocation in a Multicommodity Stochastic-flow Network with Unreliable Nodes [C]. Proceedings of The Eighth ACIS International Conference on Software Engineering, Artificial Intelligence, Networking, and Parallel/Distributed Computing, Tsinan, 2007, 576-581.

[87] Painton L., Campbell J. Genetic Algorithms in Optimization of System Reliability [J]. IEEE Transactions on Reliability, 1995, 44: 172-178.

[88] Phuc Do Van, Anne Barros and Christophe Be renguer. Reliability Importance Analysis of Markovian Systems at Steady State Using Perturbation Analysis [J]. Reliability Engineering and System Safety, 2008 (93): 1605-1615.

[89] Reichheld F. F., W. E. Sasser Jr. Zero Defections: Quality Comes to Services [J]. *Harvard Business Review*, 1990, 68 (9-10): 105-111.

[90] Ruslan Klimov, Yuri Merkuryev. Simulation Model for Supply Chain Reliability Evaluation. Technological and Economic Development of Economy, 2008, 14 (3): 300-311.

[91] Rahman Mukaila A., Sadik Sarmad, Ali Arshad, Ahmad H. and Farooq Suguri Hiroki. Formal Model of Agent-Based Sup-

ply Chain Framework in a Virtual Enterprise for Reliability [C]. 1st International Workshop on Knowledge Discovery and Data Mining, WKDD, 2008: 1407 -1412.

[92] So Young Sohn, In Su Choi. Fuzzy QFD for Supply Chain Management Reliability Consideration [J]. Reliability Engineering and System Safety, 2001 (27): 324 -334.

[93] Sarintip Satitsatian, Kapur Kailash C. An Algorithm for Lower Reliability Bounds of Multistate Two-terminal Networks [J]. IEEE Transaction on reliability. 2006 (2): 199 -206.

[94] Sarintip Satitsatian, Kailash C. Kapur. An Algorithm for Reliability Bounds Computation to Evaluate Supply Chain Networks [J]. Technological and Economic Development of Economy, 2008, 14 (7): 426 -442.

[95] Souter G. Risks from Supply Chain also Demand Attention [J]. Business Insurance, 2000, 34 (20): 28 -28.

[96] Stauffer D. Supply-chain Risk: Deal with it [M]. Boston: Harvard Business School, April, 2003.

[97] Tan K. C. , Shen X. X. Integrating Kano'S model in the Planning Matrix of Quality Function Deployment. *Total Quality Management*, 2000, 11 (8): 1141 -1151.

[98] Tax S. S. , Brown S. W. Recovering and from Learning from Service Failure, Management Review, 1998, 40 (1): 75 -88.

[99] Tompkins, J. A. No Boundaries: Moving beyond Supply Chain Management [J]. Supply Chain Management, 2000 (1): 77 -81.

[100] Thomas, Marlin U. Supply Chain Reliability for Contingency Operation Reliability and Maintainability Symposium [J]. The International Symposium Quality and Integrity, 2002: 61 -67.

[101] Weihua Liu, Chunling Liu and Meiying Ge. An Order Allocation Model for the Two-echelon Logistics Service Supply Chain based on Cumulative Prospect Theory [J]. Journal of Purchasing and Supply Management, Volume 19, Issue 1, 2013 (3): 39 - 48.

[102] Xiaobin Shen, Li Fu and Yu Gao. Reliability Analysis of Supply Chain Based on Typical Irreparable Markov Reparable System [J]. Service Operations and Logistics and Informatics, 2008 (10): 2062 - 2065.

[103] Xue J. On Multistate System Analysis [J]. IEEE Transactions on Reliability, 1985 (34): 329 - 337.

[104] Xu W., He S., Song R. and Li J. Reliability Based Assignment in Stochastic-flow Freight Network [J]. Applied Mathematics and Computation, 2009, 211: 85 - 94.

[105] Yangzhen Li, Shaoren Wang. The Logistics Service Supply Chain Model Method Based on Reliability [C]. Proceeding of 2010 International Conference on Management Science and Engineering, 2010 (9): 4350 - 4355.

[106] Yuanhong Liu, Benhong Peng. Achieving Robustness Objectives within a Supply Chain by Means of Reliability Allocation [C]. Proceedings of 2009 International Symposium on Web Information Systems and Applications (WISA'09), 2009: 210 - 213.

[107] Yi-Kuei Lin, Cheng-TaYeh. Optimal Carrier Selection based on Network Reliability Criterion for Stochastic Logistics Networks [J]. International Journal Production Economics, 2010 (7): 1 - 8.

[108] Zeithaml V. A. Service Quality, Profitability and the Economic Worth of Customers: What We Know and What We Need to Learn, Academy of Marketing Science, 2000, 28 (1): 67 - 85.